Psicologia Oscura

I SEGRETI Svelati

Proteggi Te Stesso Dai
Narcisisti, Manipolazione, Persuasione, e
Controllo della Mente attraverso un
Corso Intensivo e Completo sul
Linguaggio del Corpo, NLP, e
Apprendimento Profondo

Daniel Brown

Sommario

Conclusione

Introduzione

Gli esseri umani sono intrinsecamente prevedibili. Le nostre menti, nonostante siano molto complesse, diverse tra loro e nonostante l'intensa variazione tra i comportamenti umani, possiamo affermare che siano incredibilmente prevedibili. Di solito possiamo influenzare altre persone negli stessi modi prevedibili per ottenere gli stessi risultati prevedibili. E questo viene applicato specialmente quando le persone non sono attivamente in guardia contro la manipolazione. Siamo facili da controllare. Siamo facili da influenzare. Siamo facilmente manipolabili.

Questo fenomeno, ma potremmo definirla strategia, viene spesso messa in pratica e utilizzata dalle persone, per diversi scopi. Troppo spesso, le persone scoprono di poter usare le debolezze intrinseche della mente umana per poter controllare le persone stesse: è come se queste persone si prendessero il comando per usare le persone a proprio vantaggio. Scoprono che attraverso l'uso di determinati comportamenti, possono iniziare a influenzare e controllare. Imparano che, attraverso le loro azioni, possono assumersi la responsabilità, per ottenere quel controllo completo sugli altri che dà loro ciò che stanno cercando di ottenere da coloro che li circondano.

Alcune persone diventano predatori: si interessano di essere in grado di controllare tutto per i loro scopi egoistici. Potrebbe essere che sentano il bisogno di proteggersi a causa dei loro trascorsi, potrebbero esser stati feriti in passato, scelgono quindi di manipolare gli altri per ottenere ciò di cui hanno bisogno. Conducono le loro vite lavorando per controllare tutti quelli che incontrano, se possono. Vogliono essere in grado di tirare costantemente le fila da dietro le quinte, istintivamente senza pensarci o semplicemente perché capiscono abbastanza bene le persone da essere in grado di farlo.

In genere, le persone che manipolano istintivamente altre persone, seguono schemi molto specifici che utilizzano per controllare gli altri. Questi modelli di comportamento sono così prevedibili che sono stati considerati come determinati da comportamenti oscuri. Le personalità oscure, quelle dei sociopatici, dei narcisisti e dei machiavellici, sono intrinsecamente manipolatrici. Tuttavia, nonostante il danno che questi tipi di personalità possono fare agli altri, possiamo anche imparare molto da loro. Possiamo imparare come lavorano queste persone e cosa fa funzionare le menti degli altri. Possiamo imparare come le persone possono essere influenzate e, studiando e imparando da queste persone, possiamo anche imparare come influenzare le persone in meglio. Pensaci: se sai che puoi alterare l'opinione di qualcun altro che si sta attualmente autodistruggendo, ti sentiresti giustificato? È giustificato influenzare o persino manipolare i sentimenti di qualcun altro perché sei sicuro che darai loro un beneficio e quindi un risultato migliore?

Da un grande potere derivano grandi responsabilità, e mentre impari a manipolare le menti delle altre persone, puoi anche renderti conto di avere la capacità di influenzare e influenzare le persone, nel bene e nel male. Tu puoi convincere qualcun altro a fare qualcosa che è naturalmente distruttivo o manipolativo, o puoi incoraggiare loro a fare qualcosa che si sa li renderà più felici, influenzando loro ad agire in modi che li aiuterà.

In questo libro inizierai ad avere un assaggio esattamente di questo; inizierai a scoprire come esistono la psicologia oscura e la manipolazione. Imparerai tutto su come è possibile manipolare, come funziona e perché funziona in questo modo, così come riuscire ad individuare i segnali che qualcun altro sta tentando di manipolarti. Questa è un'informazione essenziale per te: devi sapere cosa sta succedendo in modo da applicare gli strumenti per poterti proteggere. La manipolazione in sé non è intrinsecamente malvagia o problematica: è l'atto di plasmare qualcun altro a proprio piacimento. Serve a modellare una persona, proprio come puoi manipolare l'argilla o altri materiali da costruzione. Non deve essere intrinsecamente pericoloso o dannoso, anche se certamente può esserlo.

In questo libero imparerai il motivo per cui siamo così vulnerabili alla psicologia oscura, immergendoti nella comprensione, assumerai che, alla fine, il modo in cui la mente delle persone lavora le può rendere più vulnerabili. Imparerai come individuare i campanelli d'allarme, i segnali e notare anche gli effetti che si riscontrano dell'essere manipolati.

Questo ti aiuterà a scoprire diverse tattiche comuni tipicamente utilizzate dai manipolatori. Scoprirai anche come prendere tu stesso il controllo di queste tattiche.

Imparerai a conoscere i narcisisti, persone naturalmente manipolatrici che non possono aiutare gli altri a causa del modo in cui si comportano. Sarai in grado di capire come gestire queste personalità narcisistiche per proteggerti, così come il narcisismo maligno può essere così incredibilmente pericoloso quando ne sei colpito.

Ci prenderemo del tempo per esaminare la programmazione neuro-linguistica, un tipo di tecnica per influenzare molto sottile, che ti permetterà di alterare la mente di qualcun altro, incoraggiandolo a fare qualunque cosa tu voglia imparando a comunicare con il loro subconscio, aggirando completamente il rilevamento cosciente. Lo applicheremo anche all'ipnosi.

Da lì, discuteremo l'arte dell'inganno e come può, probabilmente, ricadere nei tipi di comportamento oscuri, che si trovano comunemente all'interno della triade oscura delle personalità. Scopriremo come viene usato l'inganno ed esploreremo i potenziali tipi di utilizzo che esistono. Vedremo come l'inganno può essere usato prontamente e anche perché le persone così facilmente ci cascano.

Ci sarà un approfondimento dedicato all'atto del 'brainwashing' (lavaggio del cervello) e anche a come possa essere utilizzato così facilmente. Osserveremo che l'evidenza scientifica è alla base del processo, seguita dalla comprensione delle sfide che vengono attuate con esso, confrontando le differenze tra il lavaggio del cervello e il vero controllo mentale e come si differenziano.

Daremo uno sguardo a come leggere le altre persone, prendendo in considerazione l'importanza del linguaggio del corpo, specialmente nel contesto della PNL (Programmazione Neuro Linguistica) e altre forme di manipolazione che sono progettate per influenzare la mente attraverso il subconscio in modo molto sottile, e che tende spesso ad accadere attraverso l'uso del linguaggio del corpo.

Comunichiamo e rispondiamo principalmente attraverso l'uso della comunicazione non verbale - e non ce ne rendiamo nemmeno conto per la metà del tempo, creando la potente situazione in cui è così facile da usare per manipolare gli altri.

Infine, quando il libro volge al termine, sarà il momento di considerare come riprendere il controllo della tua vita in modo da proteggerti dalla manipolazione prima che le persone abbiano la possibilità di farti del male. Daremo anche un'occhiata a diversi trucchi e suggerimenti che possono aiutarti a proteggerti dai pericoli. Ci immergeremo in tattiche vere e collaudate che possono ripararti dai subdoli tentativi di influenzarti e controllarti in modo che tu sappia che puoi essere completamente protetto quando conta di più.

Questo libro è diverso dagli altri: non solo imparerai a capire le tattiche, ma anche perché funzionano nel modo in cui funzionano. Vedrai cos'è che rende la mente umana, potente com'è, così suscettibile alla manipolazione e al controllo degli altri. Scoprirai anche come puoi usare quelle stesse tattiche che servono a controllare e talvolta persino a ferire altre persone per il miglioramento di chi ti circonda. Imparerai come puoi influenzare meglio le persone intorno a te. Prenderai nozioni dei diversi tipi di personalità oscura e strategie per difenderti e li metterai al lavoro per te in modo che tu possa sapere che hai il controllo.

Sul mercato ci sono molti libri su questo argomento, grazie ancora per aver scelto questo! È stato fatto ogni sforzo per garantire che fosse pieno di quante più informazioni utili possibili; ti auguro buona lettura!

Capitolo 1: Perché Siamo Vulnerabili Alla Psicologia Oscura?

Ora, iniziamo: prima esamineremo da vicino la psicologia oscura stessa. La psicologia oscura è definita come lo studio dei tipi di personalità oscura che esistono nella triade oscura dei tipi di personalità. Ci sono persone oscure in questo mondo: predatori, mostri in abiti umani, che non vorrebbero altro che affondare i denti nelle loro prede. Prendono di mira persone simili, motivo per cui una volta che ti sei trovato in una relazione manipolativa, probabilmente scoprirai che succede ancora e ancora. Non è necessariamente colpa tua: i manipolatori in genere prendono ciò che ci rende la migliore versione di noi stessi e lo trasformano in qualcosa che possono usare per controllarti. Trovano modi per influenzarti e controllarti che sono diversi da quelli che avresti mai potuto immaginare e, come risultato diretto, ti ritrovi colto alla sprovvista, inconsapevole e caduto in ogni loro trappola.

Siamo, per la maggior parte, abbastanza suscettibili alla manipolazione, nonostante ci piaccia affermare che siamo migliori di così. Anche se puoi affermare a te stesso di essere al di sopra delle meschine tattiche di controllo che ti sottometteranno, non è affatto così. Devi essere disposto a vedere come puoi interagire meglio con te stesso e con chi ti circonda se vuoi essere in grado di proteggerti. In questo capitolo esploreremo queste vulnerabilità, ma prima dobbiamo dare un'occhiata alla definizione stessa di manipolazione. Da lì, affronteremo le bandiere rosse più comuni: i segni che sei attualmente manipolato, così come ciò che la manipolazione e la psicologia oscura possono farti.

Capire la manipolazione

La manipolazione è, per definizione, una forma di influenza sociale. Il suo scopo è influenzare i comportamenti o le percezioni delle persone intorno al manipolatore. In genere, i metodi di manipolazione sono intrinsecamente ingannevoli, un argomento che affronteremo in profondità quando arriveremo al

Capitolo 7. Possono variare notevolmente dall'essere alquanto innocui al punto che la maggior parte delle persone potrebbe definirti paranoico e dirti che stai pensando troppo alle cose, oppure possono essere anche apertamente problematici, come essere ricattato o minacciato di sottomissione. Esistono così tante diverse forme di manipolazione e la stragrande maggioranza di esse sono emotive.

Se sei mai stato vittima di manipolazioni prima, probabilmente conosci fin troppo bene le difficoltà che puoi affrontare. Spesso è difficile capire cosa stia succedendo. Spesso si tende a dubitare di se stessi. Dici a te stesso di non reagire in modo eccessivo, o si tenta di spazzare tutto sotto il tappeto per proteggere se stessi. Eppure, anche se sai di essere manipolato, potresti comunque ritrovarti a cedere ai problemi.

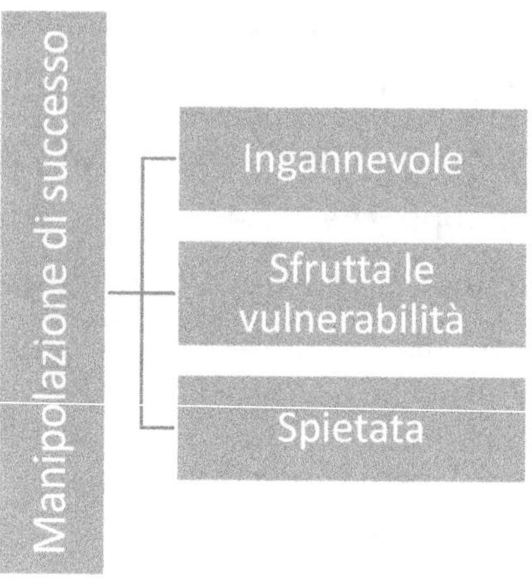

La manipolazione funziona meglio quando vengono soddisfatti tre criteri per consentirne il verificarsi. Il processo è efficace per questi tre semplici motivi:

1. Il manipolatore deve essere disposto a nascondere le sue vere intenzioni: vengono allontanate per negare la verità.

2. Il manipolatore deve sapere quali sono le vulnerabilità della vittima, in modo che possano poi essere sfruttate per ottenere i risultati dei suoi singoli bisogni.

3. Il manipolatore deve essere abbastanza spietato da essere disposto a utilizzare quelle vulnerabilità e sfruttarle per i suoi tornaconti.

Quando tutto questo funziona insieme, scoprirai che è molto più probabile cedere alla manipolazione. Ha senso, dopotutto, quando il tuo manipolatore nasconde la sua intenzione, in genere, lo fa perché sa che se ti dice quello che vuole, rifiuteresti. Questo perché siamo tipicamente contrari per natura - non vogliamo sentirci come se stessimo dando autorità a qualcun altro su noi stessi, ed è esattamente qui che la psicologia inversa ottiene il suo potere. Quando il tuo manipolatore sa quali sono le tue vulnerabilità tipiche, le tue debolezze, possono essere usate contro di te per indurti a cedere semplicemente a qualsiasi richiesta che l'altra parte ha senza che tu sia in grado di resistere affatto. Affronteremo queste vulnerabilità a breve. Infine, il manipolatore non deve sentirsi a disagio per quello che sta facendo. Quando un manipolatore si sente in colpa, involontariamente si auto-tradisce, e perderà del tutto il suo potere manipolativo. I veri manipolatori devono mantenere quella sorta di spietatezza; questo fa in modo che il senso di colpa non sminuisca l'intero processo. È solo quando possono essere spietati riguardo alle cose che riscuotono il successo che solitamente hanno.

Ciò significa che quando qualcuno può soddisfare questi tre criteri, ha creato il terreno fertile perfetto per il disastro. Qualcuno ha appena deciso di avere quel potere su di te.

Se sei completamente ignaro e una persona si dimostra particolarmente gradevole, quello che fa la maggior parte delle persone che ha obiettivi di manipolazione più comuni, scoprirai che gli dai esattamente quello che vogliono. Anche se inconsapevolmente, consenti loro di manipolarti, e come risultato diretto, possono prendere su di te il controllo che desiderano e lavorare con esso.

Vulnerabilità

Ora, tu, come la maggior parte delle altre persone, probabilmente pensi di essere una persona abbastanza stabile. Probabilmente credi di non poter essere influenzato o che non sia possibile approfittare di te troppo facilmente. Tuttavia, la maggior parte delle persone lo crede, la maggior parte delle persone crede di poter resistere alla manipolazione. Non si rendono conto quando hanno delle vulnerabilità, lasciandole così aperte allo sfruttamento, e i manipolatori con intenti dannosi in genere possono fiutare facilmente le motivazioni di certi comportamenti. Essi possono identificare tali vulnerabilità e prendere pieno vantaggio delle persone, questo avviene così facilmente che non viene nemmeno il sospetto, e qui è dove ottengono il loro potere. I manipolatori tendono tutti a scegliere persone molto simili e che in genere hanno vulnerabilità molto prevedibili. Diamo un'occhiata ad alcuni dei più comuni.

La necessità di accontentare

Forse le vittime più facili della manipolazione sono quelle che sentono un costante bisogno di compiacere. Sono costantemente spinti da questo bisogno di rendere felici le persone che li circondano. Spesso queste persone sono piuttosto ingenue e insicure; credono di poter essere utili solo perché rendono felici coloro che li circondano. Di solito, temono il conflitto e spesso scoprono che è molto più facile cedervi che capire come evitare il problema, in questo modo finiscono per assecondare tutti intorno a loro e soddisfare quello che vogliono.

La necessità di approvazione

Allo stesso modo, alcune persone sentono di dover guadagnare l'approvazione degli altri: scoprono di avere un valore reale solo quando altre persone le giudicano positivamente o altre persone le stanno accettando. La loro autostima viene tipicamente e interamente creata assicurandosi che le altre persone siano disposte e in grado di soddisfarli, così scoprono che ottenere l'approvazione degli altri è l'unico modo in cui possono sentirsi bene con sé stessi.

La paura delle emozioni negative

Quando si tratta di emozioni negative, alcune persone diventano fobiche nei loro confronti: hanno il terrore di imbattersi in queste associazioni negative con altre persone e vogliono fare del loro meglio per capire come evitare di innescare sentimenti negativi da altre persone. Vogliono assicurarsi di poter evitare di essere oggetto di disapprovazione, frustrazione o rabbia, e quindi si arrenderanno a qualsiasi cosa i manipolatori richiedano loro nella speranza di poter fare meglio.

Incapacità di essere assertivi

Alcune persone sono semplicemente quelle persone meglio conosciute colloquialmente come 'zerbini': sono troppo deboli per dire di no agli altri, i motivi potrebbero essere tra tutti quelli elencati sino ad ora. Potrebbero farlo perché scoprono di aver bisogno di approvazione, di aver paura della negatività o per qualsiasi altra ragione. Indipendentemente dal motivo della loro mancanza di assertività, tuttavia, sono facili bersagli per i manipolatori e sono tipicamente favoriti per questo motivo.

Confini personali deboli o assenti

Allo stesso modo, le persone che lottano per affermare e mantenere i propri confini tendono a scoprire che lottano per proteggersi dalla manipolazione. I confini, come scoprirai nel tempo, sono forse le più grandi minacce per i manipolatori di tutti i tempi. Quando qualcuno ha forti confini personali, può mantenersi separato dalle volontà delle altre persone. Queste persone possono impedire a se stessi di cadere vittime dei modi in cui le persone tendono a trattarli, perché non permetteranno che le cose vadano così male al punto di vittimizzarsi. Quando mancano quei confini, tuttavia, il manipolatore trova terreno fertile per insediarsi semplicemente sulla vittima e prenderne il controllo.

Bassa fiducia in sé stessi

L'autosufficienza è qualcosa di cui tutti hanno bisogno e tuttavia è così difficile da mantenere. Se non senti di poter fare affidamento su te stesso, ci sono buone possibilità che ti ritroverai sfruttato. Sentirsi come se non potessi contare su te stesso, avere la sensazione che sbagli sempre quando fai qualcosa, è forse uno dei modi migliori per finire vittima nelle mani di un manipolatore a un certo punto.

Un'ingenuità naturale

Quando il bersaglio è naturalmente troppo ingenuo per capire cosa sta succedendo intorno a lui o è probabile che dia costantemente all'altra persona il beneficio del dubbio, finirà per essere vittimizzato. La convinzione comune dietro a questo è che lui o lei non farebbero qualcosa di nefasto, quindi perché dovrebbe farlo qualcun altro? È così facile approfittare di persone che vogliono sempre vedere il buono in qualcun altro.

Essere eccessivamente coscienzioso

Similmente altre persone vogliono sempre dare a chi le circonda il beneficio del dubbio. Quando qualcosa va storto, presumono che non sia stato intenzionale. Spesso quando qualcuno fa qualcosa di male nei loro confronti, possono giustificarlo in qualche modo, dicendo che il manipolatore probabilmente non era intenzionato, o che probabilmente è stato un incidente. Sono così abili nel cercare di vedere il punto di vista del manipolatore che involontariamente sarebbero disposti a buttarsi sotto l'autobus.

Mancanza di fiducia in sé stessi

Le persone prive di fiducia in sé stesse molto velocemente trovano conferme di questo negli avvenimenti che accadono loro. Diranno prontamente a sé stessi che la colpa deve esser stata loro, perché sono *sempre* in colpa. La loro convinzione di non poter mai fare nulla di giusto in genere li rende molto facili da sfruttare per i manipolatori.

Tipo di personalità sottomessa

Alcune persone possiamo invece definirle con quella che è conosciuta come una personalità sottomessa. Essi, naturalmente, senza accorgersene danno alle altre persone quello che vogliono, quello che viene loro chiesto o imposto. Queste persone tendono spesso a dipendere da altre persone e soccombere a tutte le loro decisioni accettando tutto ciò che accadrà. Sono così dipendenti dall'altra persona che spesso finiscono per essere sfruttati e manipolati, anche se in realtà avrebbero dovuto essere in grado di evitare il problema in primo luogo.

Segnali d'allarme di manipolazione

Per coloro che vengono manipolati, in genere si presentano diversi segnali d'allarme dei quali inizialmente potresti essere in grado di sbarazzarti rapidamente, negando che siano un problema, e non prestando loro importanza, ma se fossi veramente onesto con te stesso, vedresti che in realtà i segnali sono molto evidenti e che dovresti considerarli. Alcuni di loro potrebbero essere alquanto innocui all'inizio, ma se impari a identificarli, puoi iniziare a proteggerti anche tu.

Se sei preoccupato di poter essere vittima di manipolazione per qualsiasi motivo, dovresti sempre cercare di affrontare le ragioni dei sentimenti in modo da poter prendere le misure necessarie per difenderti se necessario. Dopotutto, lo devi a te stesso per assicurarti di essere protetto. Ancora meglio, man mano che diventi più bravo a individuare i segnali che stai per essere manipolato, puoi iniziare a fermarlo prima che accada. Prendiamoci un po' di tempo per identificare quei campanelli d'allarme comuni che potresti incontrare lungo la strada.

Ti fanno sentire insicuro
Non importa se il manipolatore è un membro della famiglia, un partner, un amico o un collega, noterai che quando sei vicino a loro, ti sentirai sempre

insicuro. Ti faranno sentire costantemente insicuro, qualunque cosa tu faccia, e questo può essere un grosso problema. Noterai che questo è un'enorme segnale d'allarme, soprattutto se prima di incontrare quella persona eri sempre completamente a tuo agio con te stesso.

Ti fanno sentire sotto pressione

I manipolatori amano farti sentire sotto pressione: lo faranno regolarmente perché hanno scarso interesse a perseguire effettivamente qualcosa di significativo con te. A loro importa solo che tu soddisfi i loro capricci, e se questo significa che hanno bisogno di fare pressione, sono assolutamente felici e disponibili a farlo.

Ti fanno sentire pazzo

I manipolatori tendono a usare una tattica chiamata 'gaslighting' una sorta di manipolazione psicologica. Approfondiremo questo argomento in seguito, ma essenzialmente è una tattica in cui il manipolatore ti dirà che le cose non sono come le percepisci. Il suo obiettivo è farti sentire come se non potessi fidarti di te stesso o della tua percezione della realtà. Questo atteggiamento è determinante a far si che tu dubiti del fatto che stai ricordando ciò che sta accadendo in modo che possa trarre pieno vantaggio da te.

Usano costantemente le statistiche per sopraffarti

Potreste scoprire che il manipolatore che sostiene un argomento vi inonderà con le statistiche che possono o non essere accurate ma sono molto utili in quel determinato contesto per cercare di costringerti a cedere. Il manipolatore tende ad adottare questa tecnica in diversi contesti, nella speranza di mantenere il controllo di te. Dopotutto, non puoi discutere con logica e numeri, vero? Il manipolatore trarrà vantaggio dal fatto che la maggior parte delle persone non si fermerà a considerare la correlazione e la causalità.

Sono passivo-aggressivi

In genere, i manipolatori ricorrono ad atteggiamenti passivi - aggressivi se pensano che non darai loro ciò che vogliono. Sperano che la loro pressione ti faccia crollare; fanno affidamento sul farti sentire male o indebolito in modo da ottenere ciò di cui hanno bisogno o che vogliono da te. Non si fanno remore a trarre vantaggio da te, e questo è uno dei modi più semplici per farlo.

Ti fanno sentire giudicato o criticato

I manipolatori si baseranno anche sul giudizio o sulla critica nella speranza di farti sentire più propenso a dare loro ciò che vogliono. Sanno che se riescono a farti sentire come se ti stessero giudicando costantemente, è molto più probabile che ti inchini alle loro richieste solo perché spesso sarai sensibile a questo. A nessuno piace sentirsi giudicato, dopotutto, e questo significa che la maggior parte dei manipolatori ha un'arma innata molto semplice dalla quale possono trarre vantaggio per controllare altre persone.

Insistono che tu parli per primo

Se scopri che l'altra persona vuole sempre che tu parli per primo, solo per criticare e sminuire tutto ciò che dici, probabilmente sta cercando di manipolarti. È un metodo che funziona per farti sentire trascinato o come se non potessi esprimere le tue lamentele o disaccordi. Quando ciò accade, scoprirai di essere costantemente alla mercé dell'altra persona e potresti persino smettere di cercare di giustificare te stesso e quello che hai fatto per paura di essere abbattuto ancora e ancora. Sarà quindi più probabile che in futuro non condividerai affatto i tuoi pensieri o le tue opinioni per non sentirti sminuito e questo rende ancora più potente il tuo manipolatore.

Diventano rumorosi o aggressivi se non ottengono ciò che vogliono

In genere, scoprirai che i manipolatori tendono a urlare o ad essere aggressivi molto rapidamente se non ottengono ciò che vogliono. Si sentiranno come se non avessero altra scelta che imporsi ulteriormente se questo è ciò che servirà per farti obbedire. I tipici manipolatori inizieranno con la minima quantità di sforzi possibile, ma man mano aumenteranno il loro impegno, cercando di farti fare quello che vogliono. In genere non ci sono per loro veri scrupoli e quindi non si fanno problemi ad alzare la voce e diventare più aggressivi se è quello che ci vuole. Improvvisamente passeranno da esser tranquilli a intimidatori aggressivi in un batter d'occhio, lasciandoti confuso, ferito e chiedendoti cosa sia successo.

Ti fanno pressione per agire rapidamente

Un altro atteggiamento tipico che potresti scoprire anche nel tuo manipolatore, è che peserà costantemente su di te per farti prendere decisioni molto rapidamente. La pressione serve ad un semplice scopo: le decisioni prese in tempi di intensa emozione in genere non sono buone come quelle che puoi prendere quando hai il tempo di rimuginare su una decisione. Potresti scoprire di avere limiti di tempo solo per aver modo di manipolarti o per farti obbedire più velocemente di quanto pensi. Stabiliranno limiti arbitrari nella speranza di farti sentire come se dovessi affrettarti e, quindi, non lasciandoti pensare alle cose in modo responsabile. Come risultato diretto, possono avere un certo grado di influenza sulla decisione che prendi.

Insistono per incontrarsi di persona per discutere

Infine, probabilmente noterai che tutte le discussioni o i confronti che hai sono di persona e alle condizioni dell'altra persona. Il manipolatore vuole quella casa o quel determinato luogo, si tratta di un vantaggio sul campo - vuole portarti da qualche parte in cui non sei completamente a tuo agio in modo che possa trarre vantaggio da ciò che sta accadendo. Vuole essenzialmente essere in grado di sminuirti con la loro decisione o di convincerti a cedergli, quindi farà il possibile per portarti da qualche parte dove tu non ti senti a tuo agio mentre lui si. Inoltre, di solito essendo maestri nell'usare anche il linguaggio del corpo per intimidire e dominare le loro vittime, questo richiede che siano in tua presenza fisica per essere efficaci.

Capitolo 2: Tattiche manipolative comunemente usate

Quando si tratta di essere vittime di manipolazioni, i tuoi aggressori non mancano di opzioni a loro disposizione. Possono manipolarti in una miriade di modi per farti sentire come se fossi bloccato, a terra o incapace di fare qualunque cosa tu intendessi o volessi fare. Il tuo manipolatore è un maestro nel farti sentire controllato. È un influencer abile e naturale, in grado di identificare le debolezze e trarne vantaggio senza mai provare un solo pizzico di rimorso.

Pensi che un lupo si sentirebbe male o in colpa mentre abbatte una pecora per la sua cena? Niente affatto, e allo stesso modo, i soggetti di personalità oscura di qualunque tipologia essi siano, non si preoccuperanno mai di approfittare di te. Ti vedono come poco più che un mezzo per un fine. Anche se all'inizio ti fanno sentire come se fossi amato, non hanno alcuna intenzione di mantenere una relazione a lungo termine. Ti vogliono vicino abbastanza a lungo per ottenere ciò che vogliono, e quando non gli sarai più utile, sarai quasi sempre scartato e buttato via. Non si preoccuperanno affatto di perderti, a testimonianza di quanto poco si preoccupino delle loro vittime.

Per i manipolatori, tutto è tattico: tutto ha uno scopo ben preciso che stanno cercando di soddisfare. Faranno intenzionalmente tutto il necessario per soddisfare le loro richieste, indipendentemente dall'impatto che avrà sulle altre persone, e non avranno problemi a ferire gli altri se questo è ciò che servirà. Questo particolare capitolo esplorerà alcune delle tattiche più comuni che i manipolatori usano tipicamente per intimidire i loro obiettivi, portarli alla sottomissione nel tentativo di farli sentire come se non avessero altra scelta che cedere per superare la situazione. Questo non è affatto un elenco completo: esistono centinaia di tipi diversi di tattiche manipolative per influenzare e controllare le persone. Questi sono alcuni di quelli in cui è più probabile imbattersi durante la vita.

Isolamento

Siamo una specie molto socievole: cerchiamo sempre di lavorare per promuovere i rapporti con altre persone. Questo è l'ordine naturale degli esseri umani in generale; vogliono solo fare in modo di essere in grado di interagire tra di loro, e questo ci impone di fare concessioni a volte. Siamo consapevoli di questo, e solitamente non abbiamo alcun problema ad adattarci per mantenere quei gruppi. Tuttavia, i gruppi sociali rappresentano anche protezione e potere. Quando sei in un gruppo di persone che si prendono cura di te, saranno alla ricerca di tutto ciò che potrebbe farti del male. Faranno quello che possono per proteggerti perché vogliono tenerti al sicuro.

I manipolatori odiano le vittime che hanno molti rapporti stretti con altre persone perché è molto più difficile manipolare le persone quando ce ne sono altre intorno a loro, richiamando le persone e dicendo loro di non fare qualcosa. Quando sei in un gruppo con altre persone, scoprirai che è probabile che gli altri vengano in tua difesa, ed è quindi più facile sentirti autorizzato a difenderti. Sono lì, ti sostengono e ti ricordano che sei sulla strada giusta o che dovresti restare fedele alle tue armi se insisti su una cosa che contraddice il tuo manipolatore. Grazie alla complicità e all'aiuto che avrai in un gruppo stretto, diventa più facile isolare semplicemente il manipolatore e interrompere i suoi continui tentativi di manipolazione.

Quando un manipolatore isola le proprie vittime dagli altri, si sta impegnando per tagliare quelle connessioni importanti. Possono creare problemi o insistere affinché le loro vittime interrompano tutte le loro relazioni. Potrebbero convincerti che sono loro, i tuoi amici o la tua famiglia. Essi possono insistere affinché si finisca in un rapporto, ti dicono che sei inaffidabile, e non si fermeranno fino a quando non lo otterranno. Loro vogliono che tu abbia il minor sostegno emotivo possibile.

Inoltre, quando le tue relazioni sono limitate, il manipolatore è vantaggiato, poiché può limitare il flusso di informazioni e la strategia che userà per controllare la sua vittima. Come affronteremo in questo capitolo, la ripetizione diventa per lui una risorsa preziosa. Se tutto quello che senti continuamente è solo quello che dice il tuo manipolatore e avrai quindi pochissime influenze da parte di altre persone che ti circondano, allora c'è un grosso problema: ti ritroverai naturalmente d'accordo o addirittura seguirai ciò che ti viene detto da lui. Questo accade perché se si è completamente esposti a quell'insieme di informazioni e convinzioni si tende ad assorbirle naturalmente.

Questo è il motivo per cui, così spesso, i manipolatori lavoreranno duramente per cercare di isolarti ed allontanarti dalle tue relazioni o dalla tua famiglia. Tesseranno racconti su come il tuo migliore amico li odia o che la tua famiglia vuole solo che tu rompa con loro. Lo inseriranno in una narrazione "noi contro il mondo" in cui tutto è formulato mentre tu e il tuo manipolatore vi scontrate con tutti gli altri per isolarvi.

Critiche

Di solito vedrai manipolatori che esprimono critiche anche per controllare le persone. A nessuno piace essere criticato: gli fa sentire come se fossero stati trattati male o come se non fossero apprezzati. Pensa all'ultima volta in cui ti sei sentito criticato: probabilmente ti sei sentito orribile. Probabilmente hai fatto qualcosa che speravi sarebbe stato apprezzato, solo per scoprire che davvero l'altra persona era infastidita o ti ha detto che non eri abbastanza bravo.

Con le critiche, scopri di essere bloccato con la sensazione di non essere mai abbastanza bravo e adeguato. Potresti fare una cosa che il tuo manipolatore vuole da te, solo per renderti conto che ha improvvisamente cambiato la sua versione e ora vuole ancora di più da te. Pensa in questo modo: immagina che il tuo partner ti abbia chiesto di assicurargli di cucinare la cena e di farlo esattamente alle 18:00 di ogni singolo giorno. Sei impegnato, ma trovi un modo per farlo accadere, sapendo che è importante per il tuo partner, e così lo fai, ti assicuri che la cena sia pronta ed esattamente 18.00 di sera del giorno dopo, il tuo partner entra dalla porta... E non è ancora soddisfatto, inizierà a lamentarsi.

Ti aspettavi che lui/lei ti apprezzasse per essere felice, e ti ringraziasse per lo sforzo. Dopo tutto, dovevi cambiare quello che stavi facendo solo per renderlo felice. Il vostro partner prende un boccone e arriccia il naso, e inizia a fare lamentele del tipo: la carne è troppo salata, oppure che è tutto davvero insipido o bruciato, ma in qualche modo crudo al centro allo stesso tempo, ecc... il risultato è che ti sentirai male, frustrato, e probabilmente anche inadeguato.

Hai fatto quello che ti ha chiesto, e anche se potresti non essere il miglior cuoco, di certo la cena che hai preparato non era così male, vero? Tuttavia, insiste che ha ragione e che dovresti sentirti malissimo per quello che hai fatto. Ti fa sentire come se cucinare qualcosa di semplice non fosse abbastanza: dovevi fare di più, e non ti sei impegnato abbastanza, e per questo motivo ti sentirai frustrato. Ti dice che devi assicurarti che il cibo sia perfetto, delizioso e valga i soldi che spenderebbe per questo.

Ti senti criticato e inadeguato. Questo atteggiamento serve solo a farti sentire meno sicuro di te stesso. Gli lasci abbattere la tua autostima e quindi è più probabile che cercherai di accontentarlo nella speranza di poter evitare di essere vittima anche della prossima discussione.

In alternativa, la critica può funzionare molto bene anche coinvolgendo altre persone: può essere usata per enfatizzare esempi positivi di altre persone e facendo un confronto negativo con te per farti sentire ancora più sminuito. Ad esempio: "Mia madre questa cosa la fa così bene, perché tu non ci riesci? La mia collega è capace, si veste bene, il mio collega con i figli è diverso è molto più bravo di te, ecc..."

Oppure ancora riportare esempi negativi di altri dipingendoli come positivi:
"Oh, beh, sai, potrebbe essere peggio. Potrei essere come *John*. Sai, urla e lancia costantemente oggetti.

Sei fortunato che io sia così buono con te e che mi assicuri che la casa sia confortevole come me. Sai, gli altri uomini non sarebbero così buoni con te." Questo viene fatto per farti allineare ulteriormente con il tuo manipolatore o per farti sentire fortunato ad essere nella posizione in cui sei. È ancora una volta quella mentalità noi contro loro menzionata in precedenza.

Pressione dei pari

La pressione dei pari è incredibilmente potente, tutti noi abbiamo questa necessità intrinseca di piacere, e la pressione dei pari permette di essere sfruttati e controllati. Quando si tratta di pressione dei pari, scoprirai che le persone sono molto più propense ad accettare qualcosa che non vogliono fare quando si rendono conto che anche i loro coetanei lo stanno facendo. Questa è in realtà una forma comune di persuasione in generale: racconta a qualcuno che altre persone nei loro dati demografici (età, sesso, situazione, ecc...) stanno facendo qualcosa, e loro inizieranno ad ascoltare e sentire che è ciò che ci si aspetta da loro, rendendoli più propensi a cedere, che lo vogliono o no.

Pensa a come, al liceo, si poteva finire con un gruppo di ragazzi che facevano tutti qualcosa che inizialmente nessuno vuole fare, questo perché pensano che sia previsto o perché pensano che sia l'unico modo in cui saranno apprezzati o accettati, quindi si arrendono e finiscono per fare quello che fanno tutti gli altri. In realtà, sono tutti infelici, fanno solo quello che fanno nella speranza di far parte della folla e di essere accettati e apprezzati.

Puoi vedere questo stesso effetto comunemente con i manipolatori. Potrebbero volere che tu faccia qualcosa, e quando protesti, ti fanno notare perché hai torto. Sottolineano come lo fanno tutti gli altri, quindi perché non dovresti? "Sai, anche la ragazza di John è disposta a farlo. Perché tu non lo sei? Non ho mai incontrato qualcuno che non lo volesse prima. Non puoi provarci? Tutti gli altri lo fanno, quindi non può essere così male." Questo tipo di narrazione è incredibilmente dannosa, soprattutto quando la vittima è già isolata e si sente criticata. È molto più probabile che le vittime cedano perché si sentono come se non avessero altra scelta. Si sentono intrappolate, come se arrendendosi peggiorerebbero solo la situazione, oppure che sarebbero etichettati come quelli strani e diversi, quelli sbagliati.

Paura dell'alienazione

Analogamente alla pressione dei pari, anche la paura dell'alienazione può essere utilizzata facilmente come forma di manipolazione. In genere, quando incontri per la prima volta il manipolatore, pensi di aver incontrato una persona che sembra essere gentile, divertente e qualcuno che ti piace o che desideri frequentare.

Inizi a credere che lui o lei probabilmente sia una persona fantastica - dopotutto, guarda tutto quello che sta facendo? Una tattica comune del manipolatore è quella di utilizzare ciò che è noto come amore - bombardamento - la tattica in cui un individuo cerca di conquistare i tuoi affetti e la tua fiducia facendoti sentire amato e speciale nella speranza di manipolare quei sentimenti in seguito. Il tuo manipolatore potrebbe averti portato fuori a cene speciali o averti riempito di regali sontuosi.

Nel corso del tempo, inizi a sentirti sempre più attaccato a questa persona, e come se volessi stare con questa persona, ma poi sistematicamente, questi individui iniziano a modificare i loro comportamenti e cambiare quello che fanno. Cominciano a manipolarvi, e quando si cerca di respingerli o ci si rifiuta di far qualcosa, ti dicono che se ne andranno. Iniziano quindi a minacciarti di uscire da una relazione o di escluderti completamente. Soprattutto se sei già stato isolato, scoprirai che la paura di essere completamente alienato è troppo pesante da sopportare, quindi obbedisci perché non vuoi rimanere solo o hai timore di essere escluso.

Questo atteggiamento manipolativo si basa comunemente su tattiche come il trattamento del silenzio o la svalutazione di qualcun altro. Il punto è far sentire all'individuo la pressione-paura di essere abbandonato o di rimanere completamente solo nella speranza di trarne maggiori vantaggi in futuro. Il manipolatore spera di trovare un modo per assumere il controllo completo della situazione, e quale modo migliore se non farti sentire come se stessi per sprofondare nella solitudine se non ti arrendi rapidamente? Anche se non lo vuoi davvero, l'alternativa di vivere senza quella persona sembra abbastanza spiacevole da spingerti a fare quello che ti è stato detto.

Ripetizione

La ripetizione è molto potente, soprattutto come tecnica di persuasione. Funziona in modo molto semplice: quando ti impegni a ripetere qualcosa a qualcuno abbastanza spesso e con costanza, quel qualcuno inizierà naturalmente a crederci, specialmente se sei calmo e astuto nel sottoporlo alle informazioni di cui vuoi convincerlo. Ora, potresti pensare che tutto questo sia sciocco: non puoi semplicemente resistere e dirti che quel qualcosa è falso?

Sebbene tu possa resistere, in una certa misura, la tua mente inconscia presta sempre attenzione a ciò che sta accadendo intorno a te. Apprende e assorbe costantemente informazioni. Non fa differenza tra buono e cattivo o giusto o sbagliato; più ti viene ripetuto qualcosa o qualche tipo di argomento, più è probabile che tu ci creda. Questo è esattamente il modo in cui funzionano i mantra e le affermazioni: sono progettati per convincerti attraverso la pura ripetizione che dovresti credere a qualcosa in modo da poter cambiare idea dall'interno.

Anche se questo potrebbe essere ottimo per te se stai cercando di apprendere buone informazioni per te stesso (come un corso di lingua oppure una nuova disciplina), può essere anche molto pericoloso se scopri che le persone intorno a te ti espongono costantemente a idee meno ben intenzionate. Quando senti costantemente le stesse emozioni o messaggi negativi lanciati verso di te più e più volte, inizierai a crederci.

Se ti accorgi di sentire costantemente gli stessi discorsi e ricevere gli stessi messaggi spinti verso di te, c'è una grande possibilità che in realtà tu stia venendo manipolato. Questo non dipende da te, e non si può davvero combattere in modo efficace, anche se si è costantemente consapevoli di questo processo. Alla fine inizierai a cogliere i messaggi, anche se solo inconsciamente, e questo può essere un grosso problema. Questo è il motivo per cui è sempre molto meglio evitare i manipolatori.

Fatica

Quando sei stanco, sei naturalmente più suggestionabile. Questo perché il tuo cervello non funziona in modo efficiente come dovrebbe. Quando sei stanco, è difficile continuare ad autocontrollarti nel tempo; è più probabile che tu ceda a ciò che ti viene detto in modo da poter andare avanti. Il tuo cervello vuole semplicemente dormire.

Studi delle tecniche di persuasione dimostrano che stando svegli per 21 ore, si sia già molto più suscettibili a misure persuasive, come la ripetizione. Questo è comunemente utilizzato durante il lavaggio del cervello, il metodo più popolare che si conosce è attraverso l'uso di sette manipolatrici. Quando si formano sette, specialmente quelle maligne che instillano idee dannose, i leader delle sette lavorano per indottrinare i loro seguaci, spesso attraverso forme di menomazione fisica, come la mancanza di sonno. Più sei privato del sonno, più è probabile che tu assorba e accetti il messaggio.

Puoi ottenere un effetto simile con altre forme di privazione del bisogno. In particolare, quando intossichi qualcun altro, con alcol o altre droghe che alterano la mente, puoi ottenere stati di suggestionabilità molto simili. Le persone diventeranno naturalmente più manipolabili in modo molto naturale, spostandosi verso quelle tendenze perché non stanno pensando razionalmente e con tutto il loro cervello.

Sii consapevole di coloro che lavorano per tenerti sveglio, anche quando hai un disperato bisogno di dormire. Ma bisogna porre altrettanta attenzione a chi cerca di sfruttare i momenti in cui sei naturalmente stanco, debole o spossato per fare leva sulle tue debolezze, sono individui che possono influenzare pesantemente te e i tuoi comportamenti.

Alcuni esempi concreti possono essere che hai appena avuto un bambino e stai dormendo poco, sei più stanco/a e c'è chi potrebbe subito approfittare di questa situazione per avanzare le proprie richieste, o per occupare il tuo posto lavorativo e farti sentire inadeguato e impreciso. Essi sanno quello che stanno facendo, ricordati quindi l'importanza di riposare e dormire quando per il tuo fisico è necessario e fai sempre attenzione a chi cerca di sfruttare i tuoi momenti di stanchezza e debolezza.

Formare nuove identità

Un'altra forma comune di manipolazione è l'atto di formare nuove identità, che avviene tipicamente attraverso processi come il controllo mentale. L'idea di base di questa strategia è che i manipolatori vogliono trovare un modo per ridefinirti. Vogliono scolpirti e plasmarti trasformandoti esattamente in quello che vogliono, e vogliono assicurarsi che tu sia il più possibile obbediente e utile ai loro scopi.

Ora, è socialmente inaccettabile anche per un manipolatore pensare di picchiare fisicamente qualcuno per sottometterlo o torturarlo per essere temuto e per far si che obbedisca al suo volere e rispetti i suoi ordini. Per questo motivo, in genere i manipolatori scelgono tattiche molto più subdole, che non hanno la stessa probabilità di essere perseguite come un crimine. Sebbene altrettanto nefaste, la guerra mentale e l'abuso emotivo non lasciano segni fisici e visibili che qualcosa sia accaduto, il che significa che possono essere usati efficacemente senza che ci sia mai alcuna prova che un abuso si sia verificato in primo luogo.

Attraverso l'uso del controllo mentale, i manipolatori possono iniziare a incoraggiarti e manipolarti per farti fare ciò che vogliono, quando lo vogliono. Queste tecniche funzionano efficacemente per distruggere il più possibile la tua personalità e il tuo sé attuale in modo che possano quindi ricostruire la tua personalità sottomessa dal basso verso l'alto. Lavorano applicando ogni sorta di tattica e tecnica a loro disposizione per ottenere che in modo efficace tu riesca a rinnegare il tuo passato per denunciare di conseguenza la persona che eri. Quando inizi a dubitare di te stesso, puoi essere usato e influenzato per diventare ciò che vuole il manipolatore.

Ora, è importante notare che questo differisce dal lavaggio del cervello, una tattica che viene utilizzata servendosi della soppressione degli istinti di autoconservazione. Invece di lavorare per indurti mentalmente a pensare che non hai possibilità e che devi assimilare o morire, il controllo mentale cerca di accadere in modo più subdolo e con meno minacce. In genere, il controllo della mente avviene prima assicurandosi che il manipolatore venga considerato dalla propria vittima una persona di fiducia e quindi lui o lei deve garantire in un certo qual modo che non li sospetta come potenziali manipolatori, in primo luogo.

In genere, la formazione di una nuova identità è un processo che richiede un alto coinvolgimento e un impegno a lungo termine, questa strategia manipolativa è in genere veramente riservata solo a persone che hanno rapporti stretti e a lungo nel tempo, ad esempio un collega, un socio o un coniuge del manipolatore. Questo impegno viene dedicato alla persona di interesse solo per assicurarsi di poter ottenere tutto ciò che vogliono dalla relazione senza preoccuparsi troppo delle ripercussioni. Di solito lavoreranno per installare delle sorte di pulsanti, per così dire, per farti fare quello che vogliono quando lo vogliono. In questo modo, sono in grado di plasmare efficacemente una persona in modo che sia esattamente ciò che vogliono in un partner, il che significa che hanno a disposizione una fornitura costante di ciò che vogliono. Essi trovano infiniti modi per forzare le persone a piegarsi alla loro volontà, e così facendo, finiscono ottenendo con successo tutte le chiavi di cui avevano bisogno.

Durante questo processo, quindi, il singolo manipolatore eseguirà i seguenti passaggi per prendere il controllo dell'altra persona. Tieni presente che questo è uno schema relativamente semplicistico del processo, ma copre più o meno le basi di ciò che puoi aspettarti che accada.

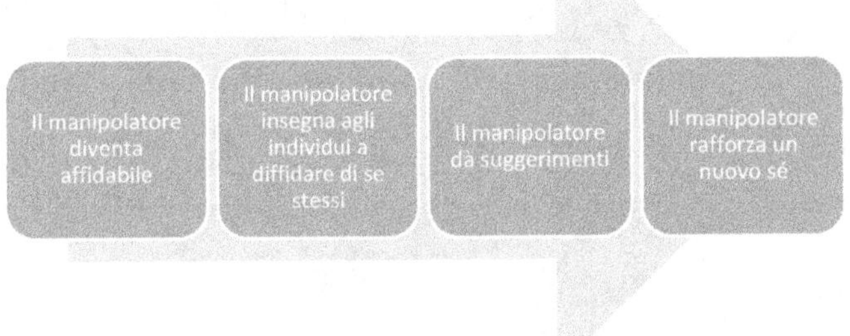

1. **Il manipolatore diventa affidabile:** il manipolatore non può ottenere ciò che vuole a meno che non sia qualcuno di cui la vittima si fida. Questo perché devono essere al punto di poter parlare direttamente e influenzare la mente dell'altra persona come vogliono, al fine di cambiare organicamente la mentalità della loro vittima.

2. **Il manipolatore stabilisce diffidenza in sé stessi:** il manipolatore inizierà a lavorare sminuendo e screditando la personalità della sua vittima. Potrebbero iniziare ad abbattere l'autostima, ad esempio, o criticare l'altra persona abbastanza da farla diventare insicura e iniziare a dubitare di ciò che sta facendo. Più le persone iniziano ad odiare sé stesse, più sarà facile staccarsi e rifiutare il vecchio sé per assorbire quello nuovo. Il punto è far credere alla vittima che il problema è questo: le loro mentalità stanno lavorando contro di loro e che le loro personalità sbagliate sono la ragione dei loro fallimenti.

3. **Il manipolatore dà suggerimenti:** con cautela, quindi, quando la vittima è molto diffidente in sé stessa o dubita abbastanza delle proprie possibilità al punto di iniziare ad odiarsi, il manipolatore è quindi in grado di iniziare a dare ogni sorta di suggerimento alla vittima per convincerla ad accettare nuove convinzioni, nuovi modi di pensare, agire ed altro

ancora. Questo di solito viene fatto criticando altre persone, sottolineando cose che piacciono al manipolatore, dando suggerimenti direttamente e persino incoraggiando l'individuo che viene manipolato a fare in modo che cambi anche quello che sta facendo. Il manipolatore offre tutti i tipi di soluzioni e, come persona fidata, grazie al passaggio 1 di questo processo, il più delle volte può avere successo di conseguenza. Di solito applica anche la tecnica della ripetizione nella speranza di portare a casa questi risultati in modo efficace.

4. **Il manipolatore rafforza il nuovo sé:** quindi, con la vittima che inizia ad essere all'altezza di ciò che voleva il manipolatore, ora la deve lodare e incoraggiare ulteriormente per incoraggiare davvero i cambiamenti e farli sembrare ancora più positivi. Gli elogi che la vittima riceve dal manipolatore, in particolare con quella posizione di potere, vanno a rafforzare quindi la trasformazione nel nuovo sé della vittima, e in questo modo è molto più

probabile che i cambiamenti siano a lungo termine.

Come puoi vedere, questa tecnica può essere molto efficace nel cambiare completamente qualcuno. Questo è esattamente il modo in cui, troppo spesso, vedi persone che dicono di non sapere cosa è successo o come possano essere cambiati nel tempo: sono diventati qualcuno di completamente diverso dall'individuo che conoscevano una volta e non hanno mai sospettato nulla. Se iniziassero a preoccuparsi di abusi o manipolazioni, non presumerebbero mai che provengano dagli stessi manipolatori perché si trovano in posizioni di fiducia, il che rende questo ancora più insidioso di prima.

Inganno

Infine, tra le tattiche di manipolazione comune, troviamo l'inganno. Questo in particolare è molto potente. Funziona bene per portare le persone a credere alle parole che non sono veritiere. Questo accade soprattutto quando viene detto da qualcuno di fiducia, l'inganno è molto efficace, così efficace che dedicheremo un intero capitolo a questo argomento. Il capitolo 7 riguarda le varie strategie ingannevoli comunemente utilizzate.

Capitolo 3: Segnali comuni di essere manipolati

La manipolazione può avere implicazioni molto reali, molto insidiose per coloro che si trovano a doverle ricevere. È doloroso. È distruttivo. Può anche causare effetti per tutta la vita che possono essere completamente devastanti per le persone che le subiscono. Quando vieni manipolato, non sei solo controllato e influenzato; anche tu sei direttamente tradito.

La maggior parte delle forme di manipolazione, come abbiamo visto, richiedono una sorta di fiducia per essere efficaci in primo luogo e, a causa di ciò, la fiducia viene quindi violata. La manipolazione può essere del tutto dannosa per coloro che si trovano a subire l'abuso e potrebbero non rendersi nemmeno conto in primo luogo di esserne stati colpiti.

Di solito, le vittime raramente notano effettivamente i segnali in sé stesse: sono le altre persone ai margini della relazione che iniziano a notarlo o a metterle in discussione. Gli amici potrebbero chiederti perché nell'ultimo periodo sei stato così tanto giù. I membri della famiglia potrebbero farti notare che stai cambiando.

I tuoi colleghi potrebbero chiederti se va tutto bene, ma sei ignaro, non del tutto consapevole dei cambiamenti che stanno accadendo in te finché non è troppo tardi. Non ti rendi conto di quanto male stai sopportando quando vivi o sei vicino a un manipolatore.

Ci viene insegnato sin da bambini ad amare gli altri intorno a noi incondizionatamente; noi apprendiamo che dobbiamo sempre credere che le persone che amiamo non vogliano farci del male, e per questo, si finisce per essere più vulnerabili e quindi attaccabili.

Finiamo per trascurare la possibilità dell'abuso e della manipolazione finche non sarà troppo tardi, e ci possono essere effetti permanenti che derivano da essa. Subirne gli abusi potrà danneggiare la tua capacità di amare e di fidarti, e può anche farti sentire intrinsecamente sbagliato e inutile. Per ogni individuo è molto importante essere in grado di guardare sé stessi allo specchio e vederne riflessa un'immagine e un pensiero positivo, la manipolazione può arrivare a rovinare questa percezione per le proprie vittime.

La verità è che, sebbene la maggior parte delle persone normalmente non utilizzi tra i loro mezzi a disposizione, la possibilità di usare e abusare di altre persone, i manipolatori lo faranno. C'è quindi sempre la possibilità che stai lavorando o rapportandoti con un manipolatore, e quella possibilità è qualcosa di cui devi essere consapevole.

Questo è il motivo per cui diventa così importante per chiunque sapere quali sono i segnali più comuni di abuso e manipolazione, soprattutto perché come abbiamo detto in precedenza, questo è un percorso che non lascia lividi. Non ci sono segni fisici che mostrano al mondo che sei stato ferito da qualcun altro. Tuttavia, ci sono segni mentali molto distintivi che, se riesci ad identificare, sarai in grado di utilizzare a tuo vantaggio.

Si può imparare a riconoscere ciò che sta accadendo, si può imparare a vedere quei segnali in modo che se dovessero iniziare a insorgere in te o in qualcuno che ti è vicino, sarai capace di individuarli e allontanarli o cercare di ottenere quell'aiuto necessario per farlo e il più presto possibile. Essendo consapevole dell'esistenza della possibilità di abuso, di manipolazione e dei segnali di pericolo che ne derivano, puoi essere certo di proteggere te stesso e i tuoi cari.

Prima di iniziare questo capitolo, sappi che se sei stato oggetto di manipolazione o abuso, non lo stavi chiedendo. Convinciti del fatto che non sei tu il colpevole, e nemmeno devi addossarti la colpa di esserti fidato di qualcuno di cui pensavi di potervi fidare o che si è apparentemente preoccupato per te, niente di tutto ciò è un crimine per il quale dovresti essere punito. Ricorda che spesso, i manipolatori nelle nostre vite sono quelli che molto probabilmente causano ogni sorta di problema per noi, ma non è colpa nostra, né dobbiamo sentirci male o vergognarci quando accade. Ora iniziamo a lavorare sull'identificazione di quei segnali.

Se qualcuno vuol farti sentire come se dovessi metterti in discussione, come se non avessi altra scelta che cedere a ciò che l'altra persona sta dicendo, ci sono ottime possibilità che tu stia venendo manipolato o altrimenti controllato.

La psicologia oscura a volte può essere eccezionale: può davvero aiutare a capire il comportamento umano e come influenzare le persone a fare la cosa giusta. Tuttavia, a volte, devi renderti conto che può anche essere dannoso. È molto facile per il manipolatore, in particolare, imporsi pesantemente sulla persona che viene controllata. A causa di ciò, devi imparare a evitarlo.

Diamo un'occhiata ad alcuni dei modi in cui la psicologia oscura può essere utilizzata per causare danni alle vittime.

Stato confusionale

La manipolazione crea uno stato confusionale praticamente per chiunque. È difficile passare dal pensare che qualcuno nella tua vita ti abbia amato e sostenuto, ma ora ti stia ferendo senza ritrovarsi ad essere confusi. Spesso ti senti come se il tuo mondo fosse stato capovolto, specialmente a seguito delle diverse strategie e tattiche a cui probabilmente sei stato sottoposto.

Se sei mai stato vittima di gaslighting, probabilmente dubiti di te stesso. Probabilmente ti senti come se fossi colpevole o se fossi stato tu a rendere il tuo partner così. Probabilmente ti senti come se stessi soffrendo o come se non sapessi più da che parte voltarti. Siate certi, questo è tipico in queste situazioni, e non siete soli. Tuttavia, dovresti sforzarti per fare in modo che cambi. Non lasciarti cadere in queste abitudini a lungo termine. Lascia che questo sia il campanello d'allarme di cui hai bisogno per vedere che la manipolazione è lì.

Quando sei in preda a manipolazioni e abusi, è molto facile non sapere cosa aspettarti o come comportarti. Ti potrai sentire come se fossi bloccato sulle montagne russe, e non riesci a capire come le cose sono arrivate al punto in cui sono. A questo punto, probabilmente il tuo manipolatore in un certo modo ti è piaciuto, ti sei fidato di lui o addirittura lo hai amato, e ti ritrovi a chiederti perché qualcuno che amavi o di cui ti fidavi è diventato improvvisamente questo mostro che sembra determinato solo ad abbatterti e distruggerti.

Mettere in discussione sé stessi

Allo stesso modo, probabilmente ti ritroverai a domandarti se tutto ciò che hai sperimentato e provato durante il tuo tempo trascorso con il manipolatore era quello che pensavi che fosse. Hai fatto qualcosa che ha innescato i suoi comportamenti? L'hai chiesto? Avresti potuto cambiare le cose se fossi stato un po' più forte? "Se solo avessi fatto x invece di y..." Potresti iniziare a colpevolizzarti e lamentarti di te stesso, ma davvero, questo non è giusto per te. Non è colpa tua e non hai lasciato scegliere al tuo manipolatore di influenzarti o controllarti.

Potresti addirittura arrivare a pensare di non poterti fidare di te stesso quando cerchi di ricordare un evento accaduto o causato dal tuo manipolatore. Ciò accade in particolar modo se sei costantemente illuminato nel credere che qualunque cosa il manipolatore insista sia vera. Trovi che sia più facile interrogarsi, incolpare te stesso per ciò che sta accadendo, piuttosto che accettare che la colpa sia soltanto del manipolatore. Poi ti chiederai se hai avuto a che fare con tutto ciò che ti è mai accaduto, inizi a credere come alla fine devi essere stato colpevole solo in virtù di ciò che ti è accaduto.

Sentirsi ansioso e ipervigilante

Essere manipolati è traumatico, soprattutto quando questo proviene da qualcuno che ami o di cui ti fidi. È molto probabile che a seguito di un'esperienza di questo tipo non sarai più in grado di fidarti degli altri; probabilmente ti sentirai come se avessi sbagliato una volta, quindi devi stare attento per questo in modo che non accada di nuovo in futuro. Questo non è qualcosa per cui qualcuno possa biasimarti; naturalmente, sei preoccupato di poter essere nuovamente vittima di un manipolatore. Tuttavia, se non stai attento, puoi avere alcuni effetti peggiori.

Potresti iniziare a soffrire di ansia, come fartene una colpa? Se vieni costantemente tradito e manipolato da qualcuno di cui pensavi di poterti fidare, ovviamente, ti sentirai come se avessi bisogno di proteggerti da altre forme di manipolazione che potrebbero incontrare la tua strada. Cerchi di proteggerti correggendo eccessivamente il tiro e invece di essere troppo sincero e fiducioso, diventi ipervigilante. Sfortunatamente, il risultato è un'ansia che può essere completamente devastante se non te ne prendi cura di conseguenza.

Tieni presente che anche solo essere costantemente manipolato può farti essere ansioso; puoi sentirti come se dovessi essere costantemente cauto su ciò che sta accadendo. Si può scoprire che ci si sente come se non ci fosse altra scelta che preoccuparsi di ciò che sta succedendo e facendo sempre molta attenzione nel ricercare segnali di manipolazione nei confronti del nostro partner.

Vergognarsi o sentirsi in colpa

Nessuno vuole ammettere di essere stato vittima di un manipolatore. È quasi scoraggiato al giorno d'oggi dalla paura del giudizio sella società, soprattutto perché la maggior parte delle persone che non ci sono mai passate prima si affrettano in primo luogo a chicderti perché ti saresti messo in quella situazione. Sono tutti così pronti a chiederti perché dovresti cercare qualcuno come un molestatore o un manipolatore, nonostante non si rendano conto che la maggior parte di loro e di chi li circonda indossa delle maschere molto attraenti.

Alla fine non lo capiscono, il manipolatore evita accuratamente che altre persone rimangano intorno a loro e alla loro vittima mentre applica le sue strategie manipolative o tende ad essere violento, inoltre difficilmente avrà questi comportamenti compromettenti la prima volta che incontra l'altra persona. Ci vuole tempo per arrivare a quel livello. Loro sono mettono in atto una strategia e sono bravi a giocare il gioco lungo. Soprattutto nelle relazioni sentimentali, scoprirai che all'inizio i manipolatori lavoreranno duramente per essere perfetti. Vogliono costruire un attaccamento emotivo solido prima di iniziare a raggirare la loro vittima, e spesso, la vittima rimane interamente scioccata da quello che gli accade, non si aspettava minimamente che sarebbe successo, né in alcun modo riesce a comprenderlo ed accettarlo.

Potresti scoprire di sentirti costantemente con la coscienza sporca, provi un profondo senso di vergogna e ti senti in colpa per quello che è successo. Devi essere stato colpevole, dici a te stesso - devi essere stato la causa di tutto, e per questo motivo continui ad accusarti o addirittura ti vergogni di te stesso. Trovi che sia più facile incolpare te stesso per aver causato il danno, o anche semplicemente per aver permesso di essere abusato o usato. Come risultato diretto, questo atteggiamento ti farà sentire peggio del necessario, causandoti ancora più problemi di quelli di cui avevi bisogno. Questo può solo esasperare l'intera situazione.

Se ti trovi o ti sei trovato in questa situazione, tieni sempre presente che non è colpa tua. Non meriti di pagare e colpevolizzarti per i crimini del tuo manipolatore; se in passato sei stato influenzato negativamente o in modo offensivo, non sei responsabile delle azioni dell'altra persona. Sicuramente quello che puoi fare è imparare a fare meglio; puoi scoprire cosa ti servirà per andare avanti, per diventare una persona migliore, più stabile e più capace di vedere la situazione per quello che è. Puoi migliorare te stesso in modo da evitare questi problemi in futuro.

Diventare passivo o sottomesso

Quando vieni costantemente manipolato, specialmente con metodi passivi - aggressivi o comunque dannosi, probabilmente scoprirai di diventare passivo. Più a lungo stai con un manipolatore o un abusatore, più facile diventerà semplicemente arrendersi. È molto più semplice questa strada, lasciare che il tuo partner o manipolatore faccia a modo suo piuttosto che cercare di combatterlo e difenderti. Molte persone con il tempo non si preoccupano neppure di provarci più.

In alternativa, potresti scoprire che le tue esigenze sono associate al dolore o al disagio. Scopri che il tuo partner o manipolatore non sarà particolarmente comprensivo con te quando hai bisogno di qualcosa, e in effetti, potrebbe anche arrivare o sminuirti per avere quei bisogni in primo luogo. Questo è particolarmente vero con i narcisisti, che ti vogliono vicino solo per loro. Diventa così brutto e faticoso cercare di ottenere ciò di cui hai bisogno che alla fine tendi a smettere di provare. Questo si trasforma in un sentimento di paura o vergogna per le proprie esigenze, e quindi finite per rassegnarvi in silenzio, in attesa che il vostro manipolatore vi dica cosa fare dopo.

Agire diventa effettivamente un momento associato al dolore e, a causa di ciò, la passività diventa il meccanismo di sopravvivenza predefinito. È difficile agire se ti preoccupi di ciò che accadrà dopo che lo farai, quindi passivamente decidi che almeno sai già in cosa consiste la tua attuale sofferenza / insoddisfazione, sai già in che cosa consiste il tuo disagio attuale, e quindi deciderai che è meglio quello dell'ignoto a cui sarai esposto se proverai a dar voce a tutte le tue esigenze.

Sensazione di camminare sui gusci d'uovo

Allo stesso modo, potresti scoprire che ti senti costantemente come se fossi sui gusci d'uovo. Il tuo partner potrebbe scattare costantemente senza alcun tipo di preavviso. Potresti scoprire che il tuo partner non è stabile o affidabile, ed è molto più facile cercare di evitarlo e aggirare i suoi problemi piuttosto che cercare di fare quello che vuoi. È più facile cercare assecondarlo per mantenere la pace cercando di non far esplodere la sua ira.

Tuttavia, questo è problematico; ti comporti sempre in previsione di essere ferito. Questo di solito si ripete anche al di fuori del contesto privato, inizi inoltre a provare questa sensazione di timore e insicurezza anche quando non ti trovi insieme al tuo manipolatore e molto rapidamente scopri che ti preoccupi costantemente di come sarai percepito e di cosa puoi fare per evitare di incorrere in ulteriori problemi. In altri contesti e in altre situazioni, reduce di queste ansie, tenterai di evitare di mettere in imbarazzo anche altre persone, diventando un piacere per le persone. Tuttavia, sfortunatamente, questo ti prepara a ulteriori abusi e manipolazioni in futuro. Ricorda, questo atteggiamento, di cerare a tutti i costi di piacere alle persone, era uno di quelli di cui abbiamo parlato, come un grande campanello d'allarme che molti manipolatori cercano nelle proprie vittime proprio per riuscire più facilmente e agevolmente a controllare i loro obiettivi.

Sentirsi insensibile

Più tempo trascorri in una relazione o vicino a qualcuno che sembra non preoccuparsi mai dei tuoi sentimenti e di ciò di cui hai bisogno, più è probabile che tu debba rinunciare ai tuoi sentimenti in primo luogo. Dopo tutto, le emozioni diventano armi pericolose contro di te; le emozioni che provi ti fanno solo sentire peggio nel tempo.

Ti senti senza speranza mentre la manipolazione continua; potresti persino non reagire più molto alle critiche quando in realtà ti arrivano sempre più dirette e pungenti come delle coltellate.

Questo atteggiamento è noto come dissociazione; è una risposta comune ai traumi di diversa tipologia, in cui il tuo corpo sceglie efficacemente di spegnere le emozioni piuttosto che cercare di elaborare quelle dolorosamente pericolose che potrebbero diventare problematiche in tutti i diversi contesti durante la tua vita. Potresti iniziare a sentirti insensibile anche in altre relazioni. Potresti smettere di provare a fare tutto ciò che una volta ti piaceva e amavi. Potresti in generale iniziare a non reagire più agli stimoli semplicemente. Niente ti fa più sentire felice, quindi allo stesso tempo perché dovresti continuare a preoccuparti? Alla fine ti stabilisci in questo stato di tranquilla apatia - almeno nell'apatia, hai meno dolore.

Alla ricerca di approvazione

Quando vieni costantemente abbattuto nelle tue relazioni, spesso arrivi a un punto in cui cerchi costantemente l'approvazione degli altri. In effetti, fai in modo che tutto il tuo valore e il tuo essere siano in grado di ottenere l'approvazione da altre persone, e meno ne ottieni dagli altri, peggio finisci per sentirti.

In effetti, poiché sei così abituato a essere sminuito, a sentirti come se fossi chi crea il problema e persino potenzialmente incolpato per ciò che ti sta accadendo e le interazioni malsane che hai, inizi a provare a fare tutto il possibile per accontentare tutti all'interno della tua cerchia di persone. Questo è il tuo meccanismo per far fronte alla manipolazione e al rifiuto: se superi costantemente le aspettative, qualcuno come può criticarti? Se fai costantemente ciò che devi, qualcuno può incolparti, ferirti o biasimarti per questo?

Ancora una volta, tuttavia, questo atteggiamento è di nuovo un altro potenziale fattore di rischio per venire nuovamente manipolato in futuro. Quando lavori costantemente per accontentare tutti intorno a te, cosa puoi aspettarti di ottenere? Semplicemente sarai costantemente circondato da persone che cercheranno di usarti e trarre vantaggio da te. Più cerchi di compiacere le persone e meno dici di no o cerchi di stabilire dei limiti, più è probabile che tu sia vittima di altri in futuro.

Ricorda, i manipolatori lavorano attraverso la cura dei loro obiettivi. Se non eri già un amante delle persone prima di essere manipolato, probabilmente lo diventi nel momento in cui la manipolazione viene eseguita solo per proteggerti, specialmente dalle continue critiche e isolamento a cui probabilmente sei sottoposto. Quando l'unico modo per tornare alle persone e avere delle relazioni è attraverso il piacere delle persone, probabilmente tenderai a farlo. Vuoi essere il più perfetto possibile in modo da essere apprezzato, anche se solo brevemente.

Risentimento

Man mano che vieni colpito da ogni sorta di manipolazione e abuso sempre più spesso, è più probabile che ne provi risentimento quando si verifica. Questo perché non vuoi essere manipolato e chi può biasimarti? Il risentimento è abbastanza tipico quando ti senti come se fossi in una brutta situazione. Può manifestarsi in modi diversi, e può essere sintomo di vari malesseri e stati d'animo, ma in realtà, il risentimento è solo la tua frustrazione per la situazione di essere intrappolato e spinto verso qualcuno o qualcosa.

Il risentimento è il modo in cui tutte le tue emozioni negative che derivano dall'intera situazione vengono elaborate, in modo che possano essere eliminate. Tuttavia, è difficile farlo in modo costruttivo. Il risentimento, sebbene abbia lo scopo di farti desiderare di lasciare la tua situazione attuale in modo da poterti ritrovare ad essere in una migliore, è anche abbastanza malsano da nutrire, specialmente se è verso te stesso. Potresti infatti iniziare a risentirti per non aver visto i segnali prima o per non essere abbastanza forte da lasciare la situazione. Potresti risentirti del tuo manipolatore per essere quello che è. Potresti provare risentimento nei confronti di amici e familiari per non averti avvertito dei così detti campanelli d'allarme. E 'importante che, tu ti senta risentito, questo perché vuoi imparare per elaborare quanto ti accade nel modo giusto.

Molto spesso, questo sentimento si manifesta sotto forma di frustrazione o irritazione: ti arrabbi con te stesso o con chi ti circonda. Diventi impaziente e insoddisfatto di te stesso e di qualsiasi cosa tu faccia, auto incolpandoti per quello che è successo. Sei irritabile e lunatico. Potresti persino iniziare a proiettare questi sentimenti verso persone che non avevano nulla a che fare con la tua situazione negativa.

Sviluppo di depressione o ansia

Alcune persone dopo essere state manipolate o maltrattate, cadono in forme di depressione o ansia. È facile credere alle bugie che ti sono state dette per trattenerti quando vengono ripetute così a lungo. Ora probabilmente convincerai te stesso di quanto veramente tu sia inutile e debole per aver lasciato che la situazione peggiorasse o ancora peggio che tutto questo è stato per colpa tua, e che probabilmente ti sei meritato quello che ti è successo. Tuttavia, più ti deprimi, meno è probabile che tu cerchi aiuto o che cerchi di scappare dalla situazione.

Potresti sentirti inutile o troppo stressato e ansioso di fare qualcosa. Potresti bloccarti e arrenderti completamente, non vedendo risultati nel provare ripetutamente a sforzarti per ottenere dei cambiamenti. Sai già che nulla cambierà mai dalla tua prospettiva. Diventa più facile quindi per te rimanere nella situazione in cui sei e rassegnarti al tuo destino, questo nonostante ci sia la possibilità di ricevere aiuto dall'esterno e nonostante nessuno meriti di vivere in uno stress costante.

L'ansia può essere debilitante. Può mentirti e dirti che non c'è scampo. Può farti sentire come se fossi consapevole che le cose peggiorerebbero se solo cercassi di fare qualcosa per difenderti o per andartene o per migliorare la tua situazione. Ricorda, l'ansia è lì solo per mentirti. Non è tua amica. Non è lì per aiutarti, anzi è lì proprio per trattenerti.

Auto-sabotaggio

Quando stai soffrendo in una situazione manipolativa, potresti a un certo punto decidere che non ha più senso provarci. Potresti pensare di arrenderti semplicemente perché comunque non ha senso. La vittima prende atto che il manipolatore non cambierà mai, e per questo, inizia a smettere di cercare un cambiamento. Tuttavia, è questa l'opzione giusta per te? Pensaci, invece di fare uno sforzo per allontanarti dalla situazione; hai volutamente scelto di rimanerci bloccato più a lungo.

Quando si tratta di prendere una decisione, si hanno due opzioni: puoi rimanere, o puoi andare. Tuttavia, nessuno può farti rimanere in una situazione manipolativa o violenta senza il tuo consenso, che tu ci creda o no. È soprattutto così che i manipolatori attirano le persone: arrivano a fargli desiderare di restare. Li fanno sentire come se avessero bisogno di restare o li portano a pensare che le cose andranno meglio se lo fanno, sia attraverso le minacce che attraverso l'oscillazione costante tra il manipolare e ferire la vittima e l'inondarla d'amore.

Ricorda, niente nella manipolazione è involontario; il tuo manipolatore sta facendo tutto, sapendo esattamente cosa sta facendo. Lo sta facendo apposta per ottenere ciò che vuole. Essi lo hanno probabilmente fatto ad altre persone, prima di te, e probabilmente lo ripeteranno in futuro. Tuttavia, questo non dipende da te e non ti deve riguardare. Puoi interrompere il ciclo quando vuoi e cambiare ciò che sei disposto a tollerare.

Puoi imparare a migliorare la tua situazione semplicemente agendo, in primo luogo. Puoi riuscire ad allontanarti dalla negatività. È possibile liberarsi dalla trappola della manipolazione, e questo libro ti aiuterà a capire come se continui a leggere. Ricordati e soprattutto convinciti del fatto che non sei bloccato. Niente nella vita è permanente, nemmeno il tuo abuso. Anche se il tuo manipolatore cercherà di farti sentire come se non avessi altra scelta, sappi che puoi imparare a superarlo.

Questo è uno degli scopi principali di questo libro: approfondiremo cosa puoi fare per proteggerti in futuro. Vedremo come, riconoscendo questi segnali puoi anche iniziare ad apportare i cambiamenti che desideri alla tua vita. Puoi imparare a combattere l'abuso e riconoscerlo mentre sta accadendo. Puoi persino imparare quali sono le armi del manipolatore e degli abusatori oscuri in modo da poterle usare tu stesso a tuo favore per sempre.

Può essere catartico prendere il controllo di quelle stesse tattiche che ti hanno controllato per così tanto tempo in modo da poterle trasformare in qualcosa di più. Puoi trasformarle addirittura in qualcosa che possa aiutare altre persone. Puoi usarle per influenzare le persone a fare la cosa giusta. Puoi anche sfruttare alcuni degli strumenti che vedrai in questo libro per aiutare te stesso. Soprattutto quando arriveremo all'ipnosi e alla PNL, verrai introdotto ad alcune strategie molto potenti e che possono essere alcune delle tue più grandi risorse quando si tratterà di essere in grado di cambiare la tua vita per sempre. Se vuoi essere in grado di battere il manipolatore, devi riuscire a batterlo giocando al suo stesso gioco, ma questo significa anche essere disposto a comprendere la differenza tra l'uso di strumenti come l'influenza e la manipolazione per scopi buoni oppure per scopi malvagi.

Capitolo 4: Narcisismo

Immagina di aver appena incontrato qualcuno di nuovo. È perfetto, gli piacciono tutte le stesse cose che fai tu. Apprezza le tue battute. Ti inonda di ogni sorta di generoso affetto e attenzione, e per questo motivo ti ritrovi ad attaccarti sempre di più. Tuttavia, cosa penseresti se ti rendessi conto che, dietro quella maschera, dietro quel viso perfetto che vedi lì, non c'è la persona che pensavi, ma un mostro in attesa del momento giusto per colpire?

La verità è che le persone narcisiste, o più formalmente, affette da disturbo narcisistico di personalità, sono pericolose. Soprattutto quelli che possiamo descrivere con narcisismo maligno, tendono ad essere interamente coinvolti nel causare problemi solo per il gusto di farlo in primo luogo. Essi devono essere al centro dell'attenzione, avere sempre tutto sotto controllo e lavorare per assicurarsi che stiano ottenendo tutto quello che vogliono.

In questo capitolo daremo uno sguardo ai narcisisti: tendono ad essere alcune delle persone più violente e problematiche che puoi affrontare, e la parte peggiore è che raramente sai di averne incontrato uno finché non è troppo tardi. Succede spesso che ti sei troppo attaccato a loro per rompere ed uscirne fuori pulito. Questo per loro è un vero e proprio progetto, ovviamente: il narcisista essendo calcolatore sapeva esattamente cosa stava facendo quando è successo.

Il narcisista agisce e lavora intenzionalmente per farlo, vuole farti coinvolgere e farti investire tempo in modo da poter fare quello che vuole. È così che i narcisisti solitamente sono in grado di tenere le persone nella loro morsa per così tanto tempo. Vedremo cos'è il narcisismo, quali sono i tratti più identificativi e tipici e in che modo queste persone tendono ad abusare. Considereremo anche il trasferimento nel narcisismo maligno e, infine, scopriremo come gestire il narcisista per proteggersi dal loro abuso. Quando conosci i segnali di pericolo e sai come gestirli, puoi disarmare completamente il tuo narcisista, proteggendoti prima ancora di dover sopportare altri abusi. La verità è che il narcisista è pericoloso, e non c'è alcun motivo per cui si dovrebbe permettergli di approfittare di voi.

Definizione di narcisismo

Il disturbo narcisistico di personalità è abbastanza semplice da definire: è una condizione in cui le persone hanno la sensazione di essere più importanti di quello che sono. In genere, operano partendo dal presupposto che alla fine possono fare ciò che vogliono, quando lo vogliono, e questo perché sanno o pensano di essere migliori degli altri. Questo è solo uno dei tre tipi di personalità della triade oscura che tipicamente si vedono con la psicologia nera, e la parte peggiore è che il narcisista spesso non si rende nemmeno conto della piena portata di ciò che sta facendo.

Raramente pensa che l'abuso di cui soffre e che opera sugli altri sia dovuto in primo luogo a un disturbo. Presume che i suoi pensieri, sentimenti e comportamenti siano esattamente giusti e li assume senza empatia non comprendendo e non considerando minimamente ciò che potrebbe significare per gli altri.

Il narcisista è, in una parola, egocentrico, soffre di grandi fantasie di grandiosità e al contempo di deficit nella capacità di provare empatia verso altri individui. Non può entrare in empatia con gli altri per svariate motivazioni che possono più o meno prevalere, ma la verità è che non è nemmeno in grado di provare questo sentimento e di capire come si sentono le altre persone - e nemmeno gli interessa.

Non vuole capire o ascoltare cosa gli altri dicono - vogliono o interpretare ciò di cui avrebbero bisogno perché, per lui, sé stesso e il proprio benessere è la cosa più importante che c'è.
Per diagnosticare clinicamente il narcisismo o il disturbo narcisistico di personalità, si deve notare che esistono diversi tratti distintivi che vengono esaminati per considerare le tendenze narcisiste.

I criteri diagnostici includono:

- **Grandioso senso di importanza personale:** il narcisista crede, di solito in modo delirante, di essere la persona più importante del mondo. Potrebbe benissimo esserlo, ma solo per sé stesso. Crede di essere la persona più esperta e affermata in qualsiasi contesto, non importa quale sia la verità. Farà di tutto per raccontare tutte le storie di cui ha bisogno per capire come spacciarsi per la persona più importante, e lo farà a modo suo, a qualunque costo. Crederà, in una relazione, di essere quello che spinge in avanti, di essere il più importante – intelligente e questo è l'unica ragione per cui la relazione funziona in primo luogo.

- **Ossessione per gli ideali irrealistici:** il successo, l'influenza, il potere, l'amore, i soldi... Il narcisista è convinto che se lo merita tutto, e farà tutto il possibile per fare in modo di farlo accadere. Ossessionerà e idealizzerà questi progetti irrealistici nella speranza di realizzarli, ma in realtà non può avere tutto. Non si può, e, naturalmente, tutta questa aspettativa serve solo come combustibile per la sua idea che il mondo è ingiusto e duro, e lui non ha sempre tutto quello che gli era dovuto.

- **Ha bisogno di un'ammirazione e un'attenzione eccessive:** il narcisista apparentemente sicuro di sé e delle proprie convinzioni, spesso indossa solo una maschera, per cui ha un continuo bisogno di sentirsi apprezzato in misura quasi estrema. Vuole ottenere l'ammirazione e l'approvazione di chi lo circonda a tutti i costi, e se non lo state lodando continuamente, non sarà mai completamente soddisfatto. Si nutre di rinforzo positivo ed è capace di usare qualsiasi mezzo a sua disposizione pur di ottenerlo. Quando non riesce a soddisfare l'elevata opinione che ha di sé stesso manifesta atteggiamenti di ansia, depressione e rabbia.

- **Diritto:** il narcisista crede che, intrinsecamente, come se fosse la migliore persona là fuori, lui è l'unico che fa funzionare qualsiasi cosa al mondo, e quindi sente di meritare tutto ciò che vuole. Questo di nuovo ci riporta al secondo punto, e qui si inizia a vedere il problema, lui crede di poter avere tutto quello cui ambisce, e come risultato si verifica di non essere mai in grado di soddisfare il narcisista. Indubbiamente vorrebbe sempre ottenere di più e pensa di meritare di più, e ne sarà ossessionato.

- **Manipolatore per natura:** il narcisista, credendo di meritare tutto, si spingerà di conseguenza a manipolare per ottenerlo. Il più delle volte, i narcisisti hanno sempre una ragione per fare quello che stanno facendo. Lavoreranno intenzionalmente per manipolare quando è necessario e quando questo si adatta alla loro agenda. Tuttavia, sono anche molto opportunisti; se non sei utile al narcisista per i suoi scopi, è più probabile che tu venga ignorato che manipolato.

- **Mancanza di empatia:** i narcisisti, come abbiamo detto non sono empatici. Non sono in grado di pensare volutamente a cosa potrebbero provare le altre persone. Potrebbe anche succedere che siano in grado di capire cosa sta provando l'altra persona, riconoscendo che alla fine si sente a disagio, prova dolore o qualsiasi altra forma di malessere e insoddisfazione, ma a loro comunque non importa. Non li infastidisce infliggere dolore. Non si sentono male quando vedono qualcun altro soffrire o piangere. Questo è ciò che li rende così pericolosi e determinati, specialmente con la propensione alla manipolazione che tendono a mostrare.

- **Orientato all'invidia:** il narcisista di solito si trova in una delle due seguenti posizioni; potrà credere che tu lo invidi per qualche motivo, o sarà invidioso di ciò che hai, a quel punto, in qualche modo cercherà di girarti intorno, in realtà sta solo osservando cosa fai per sminuirti o in altri casi cercare di imitarti. Non vogliono ammettere che qualcun altro sia meglio di loro, e faranno qualsiasi cosa in loro potere per evitare che questo accada, anche se questo significa convincersi illusoriamente che davvero il problema sia l'altra persona.

- **Altezzoso e arrogante:** il narcisista in genere si presenta come arrogante, perché crede di essere migliore di tutti gli altri intorno a lui. È aggressivo nei confronti delle persone che non si limitano a cedere a ciò che vuole. Guardando le sue interazioni con le persone si noterà la sua tendenza a rivolgersi in modo imperativo, ad esempio con camerieri o persone in servizio, si comporta come se gli fosse tutto dovuto, il narcisista sarà un terribile cliente per loro il più delle volte, sostenendo che egli li sta mettendo semplicemente al loro posto e che se lo meritano.

In definitiva, il narcisista non è una persona molto gentile con cui stare, ma la verità è che di solito non può farci niente. Naturalmente, questo lo rende ancora più pericoloso: agisce in questi modi involontariamente, senza malizia. Lui è semplicemente distruttivo, ed è pericoloso essere in rapporti con lui. La sua intera visione del mondo, quel paradigma che usa per vedere il mondo, è semplicemente intrinsecamente distorta, e non c'è niente che tu possa fare per risolverlo. Il meglio che puoi fare è sperare di stargli alla larga o di apprendere diversi strumenti che puoi usare per cercare di mitigare i danni che altrimenti farebbe.

Tratti narcisistici

In genere, ci sono diversi tratti distintivi che potrebbero non essere particolarmente importanti per la diagnosi, ma sono molto importanti da considerare quando si tratta di osservare come si comporta il narcisista. Quando si arriva al punto, il narcisista è qualcuno che controllerà. È probabile che i seguenti comportamenti entrino in gioco quando hai a che fare con il narcisista e possono aiutarti a identificare la verità: il narcisista è distruttivo, problematico e in realtà non è qualcuno con cui vuoi stare a lungo termine.

Ora, consideriamo quei tratti comportamentali comuni che potresti incontrare.

- **È critico:** il narcisista ha sempre qualcosa da dire - e raramente è davvero piacevole. Questo ha meno a che fare con te ma ha a che fare con il fatto che è disperatamente ossessionato dal potere e dalla perfezione. Prima direbbe a tutti intorno a lui che c'è un problema con qualcosa che stanno facendo, piuttosto che ammettere che i suoi standard sono impossibili - dirà semplicemente che non è colpa sua se non puoi soddisfare le sue aspettative. Niente è mai abbastanza buono: a parte l'impossibile perfezione, non sarà mai soddisfatto, e quindi le critiche saranno presenti e continue.

- **Fa sempre l'avvocato del diavolo, anche quando non vuoi che lo faccia:** al narcisista piace stuzzicare e dimostrare alle persone che si sbagliano. Lo fa sentire grandioso: riesce a dimostrare a sé stesso di essere il migliore, e in questa situazione non fa eccezione. Per dimostrare la verità a tutti, farà in modo che gli altri prendano strane posizioni su certi argomenti solo per dire che hanno torto, anche quando è difficile trattare l'argomento che ha scelto in primo luogo. Ad esempio, immagina di essere felice che ti sia stato appena offerto un ottimo lavoro che non vedi l'ora di fare. Potrebbe essere pronto nel sottolineare tutti i problemi che riscontrerai con il lavoro che devi provare per farti sentire come se non fosse così buono come potresti aver pensato inizialmente.

- **Malignamente sarcastico:** il narcisista di solito è piuttosto sarcastico, anche in modo maligno. Gli piace abbattere le persone con delle frecciate, e lo fa con sarcasmo cattivo. Questo accade ad esempio quando ti riprende, solo per dirti che stai reagendo in modo esagerato a uno scherzo quando lo rimproveri. Immagina che ti chieda se sei incinta mentre ti colpisce lo stomaco. Quando ti dimostrerai offesa, potrebbe riderci sopra e dire che non è colpa sua se hai mangiato troppo o sei ingrassata e di smetterla di offenderti così - stava solo scherzando comunque. Questo tipo di sarcasmo viene fatto intenzionalmente per infliggere dolore e fastidio. Vuole farti sentire male con te stesso in modo che lui possa sentirsi meglio con se stesso.

- **Abuso verbale:** i narcisisti amano l'abuso verbale. In genere preferiscono agire con questa modalità, specialmente di persona perché nessuna prova può essere utilizzata contro di loro dopo il fatto. Amano la negabilità plausibile e la useranno bene per assicurarti che non puoi usare come arma le parole che stai usando contro di lui. Metterà in chiaro che la vera natura del problema non è lui, ma tu e che devi essere disposto ad assumertene la responsabilità. Ti chiamerà per nome. Ti rimprovererà. Farà tutto il possibile per cercare di denigrare te e, in definitiva, la tua identità, nella speranza che così facendo risolverai i suoi problemi.

- **I sensi di colpa:** insieme all'abuso verbale, i narcisisti favoriscono anche i sensi di colpa. Tendono ad accanirsi su persone naturalmente empatiche; il risultato, al contrario di ciò che accade a loro, è che i sensi di colpa sono di solito molto efficaci sulle loro vittime quando lo fanno. Ad esempio potrebbero rimproverarti a lungo di aver dimenticato di fare una commissione per loro molto importante, oppure di aver fatto un errore con vostro figlio, come aver dimenticato di partecipare ad un evento organizzato dalla scuola, così invece di sollevarti accentueranno ancora di più il tuo senso di colpa e il tuo senso di inadeguatezza.

- **Ottenere il controllo:** il narcisista deve avere il controllo di tutto in ogni momento, e se non lo ha, non parteciperà, o per lo meno, renderà la sua partecipazione minima. Lo fa per lavorare meglio per sé stesso; vuole essere coinvolto per poter controllare tutto ciò che lo circonda perché è superiore, almeno nella sua mente. Dimostrando il suo essere superiore, egli può prendere il controllo, per influenzare tutto, e mantenere il suo potere, e questo è per lui un enorme conferma del suo grande ego.

Echoismo: sindrome da abuso narcisistico

Quando sei stato bloccato sotto il controllo di un narcisista per troppo tempo, quello che di solito accade è che inizi a erodere te stesso. Si inizia a sentire come se il mondo in cui si viveva era tutta una bugia. Inizi a dubitare della verità, ti chiedi se hai sempre reagito in modo eccessivo. Si ottiene così in modo efficace di ritrovarsi impantanati con l'abuso al punto che si smette di combattere contro di esso. Combatterlo diventa inutile: è più facile semplicemente sedersi e lasciare che accada.

L'echoismo è quella sensazione per cui si diventa semplicemente l'eco o la cassa di risonanza di qualcun altro, dimenticandosi quasi di dare valore e suono alla propria voce, alle proprie esigenze, ai propri desideri. Dopo aver sofferto a causa di abusi per mano di un narcisista, abusi che sono assolutamente in linea con gli standard del narcisista, ovvero carichi di manipolazione, e tentativi di annullarti, si ricade in un problema molto serio, l'echoismo. Può essere difficile uscire da quella situazione di abuso dopo così tanto tempo, ma farlo è imperativo. I narcisisti amano abbattere le persone. Le erodono nel tempo, modellandoli in ciò che vogliono che l'altra persona sia. Per il narcisista, le altre persone nella sua vita non sono altro che semplici strumenti che possono essere usati, manipolati e gettati via quando non sono più utili. Tuttavia, per la persona maltrattata, ciò è altamente doloroso.

È possibile che, venendo trattato in queste maniere, inizi a sentirti peggio con te stesso. Puoi soffrire di sindrome da abuso narcisistico, una condizione di cui hai iniziato a soffrire dopo una quantità significativa di tempo trascorso vicino o con un narcisista. Se sei stato esposto ad un narcisista per un lungo periodo di tempo, forse un ex, un genitore narcisista, un datore di lavoro, potresti già manifestare questi sintomi. All'inizio potresti non accorgertene, ma esaminiamo i segnali più rivelatori che qualcosa non va e che qualcosa dovrà essere cambiato in fretta per proteggerti e per tenerti al sicuro.

Le persone che soffrono di sindrome da abuso narcisistico in genere hanno molti dei segni di un abuso emotivo che abbiamo già esaminato in questo libro finora. Tuttavia, di solito per loro, la realtà è difficile da identificare. Impantanati da gaslighting, abusi, minacce e continue umiliazioni che non sanno più da che parte è il giusto e il sbagliato, molte di queste persone sono semplicemente compiacenti delle loro vite. Non si preoccupano e non provano più a cambiare la loro situazione cercando di fare nulla, ma assecondano il narcisista, dimenticando i propri bisogni che ancora devono essere soddisfatti.

I segni più comuni che qualcuno soffre di questo disturbo includono:

- **Sentirsi pazzi o come se non potessero fidarsi di sé stessi:** la vittima del narcisista spesso ha difficoltà a capire cosa è vero e cosa non lo è, specialmente quando si tratta della loro percezione del mondo che li circonda. Tendono a sbagliare arrivando a dubitare di sé stessi piuttosto che tentare di recuperare fiducia e sicurezza nelle proprie capacità.

- **Sentirsi come se non potessero fidarsi degli altri:** dopo tutti gli abusi subiti, hanno difficoltà a pensare che le altre persone non abuseranno di loro allo stesso modo e in genere si chiudono in sé stessi, non volendo più impegnarsi. Non sentono di potersi fidare di nessun altro.

- **Provare un senso di lealtà verso il narcisista:** spesso, la vittima, difenderà il narcisista con veemenza, dicendo che non è tutto sbagliato o che il narcisista non ha rovinato tutto e che non è responsabile di tutto il suo abuso. Spesso credono che l'unica persona che abbia mai dato loro attenzioni sia stato il narcisista, e di solito finiscono per sentirsi indebitati per questo.

- **Diventano sottomessi:** anche le persone che una volta erano fortemente determinate a fare solo quello che volevano, finiscono per cambiare dopo l'abuso. Di solito arrivano a fare quello che gli viene chiesto, anche quando non vogliono. Smettono di preoccuparsi di ciò che vogliono e pongono invece tutta l'enfasi sul loro narcisista.

Narcisismo maligno e sociopatia

Mentre la maggior parte dei narcisisti sono solo opportunisti, aspettano il momento di colpire e ottenere ciò che vogliono, c'è un tipo più raro di narcisismo che è piuttosto pericoloso. In particolare, il narcisismo maligno non è comune e non viene diagnosticato da solo come diagnosi clinica distintiva. Tuttavia, è riconosciuto da molti psicologi come una manifestazione specifica del narcisismo che è piuttosto pericoloso. Questa particolare forma di narcisismo di solito porta con sé una combinazione di caratteristiche, come:

- Avere già una diagnosi prevalente di NPD (disturbo di personalità narcisistico)
- Comportamenti e tendenze antisociali
- Aggressione e talvolta persino sadismo verso altre persone o se stessi
- Paranoia

Questo tipo di narcisismo si presenta in molti modi diversi, ma il punto più comune da ricordare è che le persone narcisiste maligne di solito vogliono solo fare del male. A loro piace guardare le persone star male. Invece di essere indifferenti verso il dolore, fanno di tutto per infliggerlo ad altre persone per il loro puro divertimento, che è ciò che le rende così pericolose rispetto al semplice narcisista che agisce invece solo per ottenere opportunisticamente la sua strada narcisista di successo.

Spesso, questo tipo di narcisista viene definito sociopatico, soprattutto casualmente, ma la verità è che il narcisismo maligno e la sociopatia non sono esattamente la stessa cosa. Il fatto che il narcisista tenda ad essere aggressivo mostra che non sono proprio la stessa cosa. La sociopatia riguarda invece più che altro un atteggiamento di rifiuto verso gli altri, disprezzo delle regole della società e dei diritti degli altri.

Gestire il narcisista

Quando si tratta di affrontare il narcisista, devi considerare alcuni punti chiave. Non è impossibile da gestire, ma la verità è che il modo migliore per trattare con un narcisista è semplicemente non impegnarsi affatto con lui. Devi staccarti completamente dal narcisista in modo da poter iniziare a guarire e assicurarti che alla fine della giornata tu sia il più sano possibile. Tuttavia, questo non è sempre una scelta facile. Se hai bisogno di trattare con il narcisista da solo, ci sono diversi modi in cui puoi farlo che non sono così diretti al punto. È possibile quindi lavorare per evitare il narcisista, mitigare il danno quando si dispone ancora di un'altra scelta.

Roccia grigia

Il metodo della roccia grigia è forse uno dei più efficaci se non hai altra scelta che continuare a impegnarti con il narcisista. Quando ti impegni con il narcisista, crei aperture per la manipolazione e l'abuso. Tuttavia, puoi imparare a superarlo completamente: puoi lavorare per assicurarti che alla fine, il modo in cui puoi andare meglio è attraverso la capacità di cambiare ciò che stai facendo e rispondendo.

Se il narcisista incombe su di te scaturendo una risposta emotiva, il risultato naturale quindi è semplicemente di non dargli alcuna risposta emotiva. Canalizza la tua roccia grigia interiore - giustamente così chiamata perché sei destinato a renderti noioso e apatico come una roccia grigia che potresti incontrare durante la tua passeggiata. Pensa all'ultima volta che sei andato a camminare: ricordi di aver guardato una delle rocce? È probabile che tu non lo sappia, perché non ti interessa ricordare dettagli noiosi e banali che non contano molto nel grande schema delle cose. Se vuoi avere successo nel respingere il narcisista, la cosa migliore che puoi fare è essere noioso.

Se ti parla, dagli una risposta il più breve possibile. Trasformalo in un gioco: quante poche parole devo usare per far capire il punto? Cosa posso fare per rendermi ancora più noioso e meno straordinario di prima?

Quando lo fai, perderà rapidamente interesse: perché dovrebbe prendersi la briga di interagire con te o controbattere quando non vede il motivo di farlo in primo luogo?

Stabilisci dei limiti e rispettali

I tuoi confini sono molto importanti, e prima puoi crearli e attenerti ad essi, più è probabile che tu eviti di incorrere in problemi in seguito. Quando riesci ad impostare un confine, devi anche assicurarti di aggiungere una conseguenza. Ciò significa che devi chiarire che non sei disposto a impegnarti con il narcisista se non può rispettarlo. Se viola il tuo confine, ti disimpegni e te ne vai. È così semplice. Dopo aver realizzato che non può semplicemente scavalcare i tuoi confini senza conseguenze, di solito perderà interesse e andrà avanti con la sua vita.

Capitolo 5: Comprensione della programmazione neuro-linguistica

Programmazione Neuro-Linguistica, spesso abbreviato in PNL, è una tecnica che è stata progettata per creare un modo per le persone comuni, senza alcuna esperienza in psicologia, di iniziare toccando le loro menti. Questa disciplina ha concesso loro la capacità di influenzare e controllare il modo in cui interagiscono con sé stessi. Questo viene fatto nella speranza di poter poi influenzare e controllare il modo in cui interagiscono anche con tutti gli altri. Per farlo in modo efficace, devi imparare a guardare la mente inconscia dell'individuo che ti interessa capire. Sia che tu stia usando la PNL per te stesso o usandola per influenzare le altre persone intorno a te, questo strumento è molto prezioso ed è uno di quelli che dovresti assicurarti di usare nella tua vita.

In questo capitolo, esamineremo quattro fattori chiave: cos'è la PNL, come funziona, in che modo può essere efficace come forma di manipolazione e come è importante il suo rapporto. Ogni punto ti darà una spiegazione generale di cosa aspettarti, come aspettartelo e come assicurarti che alla fine della giornata, puoi usarlo interamente. La PNL è uno strumento molto potente che sfrutta il fatto che di solito non prestiamo attenzione alla mente inconscia. Raramente riconosciamo la verità - che è possibile modificare con i tuoi comportamenti e quelli di coloro che ti circondano - in un modo molto semplice - tutto ciò che devi fare è impegnarti a interagire con loro in un certo modo.

Uno sguardo alla PNL

La Programmazione Neuro Linguistica è un metodo di comunicazione, è il riconoscimento che, mentre normalmente non si controlla molto in questo mondo, si lasciano controllare i propri processi di pensiero in qualsiasi momento. Non puoi necessariamente controllare come attraversi la vita e non puoi sempre influenzare ciò che accadrà attorno a te, ma puoi assicurarti di poter controllare come questo ha effetto su di te. Puoi riuscire a migliorare te stesso imparando a prendere il controllo dei pensieri che hai in qualsiasi momento.

In effetti, l'idea è che non puoi controllare la tua esperienza, non dipende da te quello che ti circonda o ti succede, ma puoi controllare la tua percezione. Questo funziona fortemente a tuo favore per un reale motivo: i tuoi pensieri influenzano i tuoi comportamenti e quei comportamenti influenzano i sentimenti, quello che provi e che ti fa stare male. In effetti, provi sempre qualcosa nella tua vita, quindi hai i tuoi pensieri su quella cosa che hai sperimentato. Devi essere in grado di identificare quei pensieri e poi combatterli. Devi riuscire a cambiare il modo in cui interagisci con i tuoi pensieri e, di conseguenza, puoi impedire a te stesso di sentirti così male.

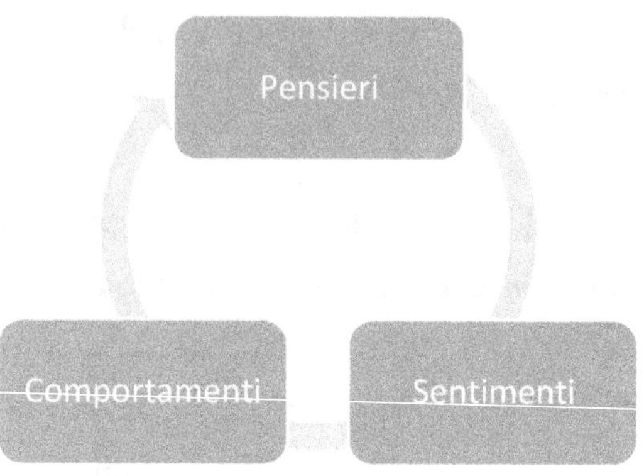

Diamo un'occhiata a questo in modo più approfondito per un momento. Immagina di essere terrorizzato a morte dagli uccelli. Ora, la maggior parte delle persone pensa che sia un po' strano, ma tu ricordi di essere un bambino e di aver visto un grosso uccello, come un gabbiano, rubare il gelato dal tuo cono mentre camminavi lungo la spiaggia. Quando questo è successo, è iniziata la tua paura. Potresti non renderti conto che questa è la storia dell'origine della tua fobia, ma è lì, ti pesa e ti tiene a freno a meno che tu non trovi un modo per sconfiggerla. La verità è che hai un modo semplice per farlo: devi riscrivere la tua percezione.

Ora, questo non vuol dire che devi pensare che non sia mai successo, piuttosto, che stai per riformulare i tuoi pensieri. Spesso scoprirai che i manipolatori lo fanno molto bene. Faranno un punto per cambiare il modo in cui hai vissuto qualcosa nella speranza che quella nuova percezione ti confonda o ti convinca che hanno ragione. Quando inculcano la loro percezione nella tua mente, finisci per interagire con il mondo da quel nuovo punto di vista. Cambi i tuoi sentimenti e poi il tuo comportamento. Questo è fondamentalmente radicato nella PNL.

Tornando al nostro punto ora: se pensi alla tua paura degli uccelli, sai che in realtà deriva da un evento traumatico e, ammettiamolo, piuttosto comico successo quando eri bambino che ha poi incorniciato tutta la tua vita. Ora, da adulto, non puoi nemmeno sopportare di vedere un pollo e ti rifiuti di mangiare la cena a base di tacchino per il Ringraziamento. Sei semplicemente terrorizzato dagli uccelli, vivi e morti, e questo può essere piuttosto travolgente in un mondo in cui pollo e tacchino sono entrambi considerati alimenti e fonti proteiche molto comuni e gli uccelli volano ovunque tu vada.

Tu sai benissimo che l'evento che ti è accaduto, è stato percepito e concettualizzato come un trauma. Da quel trauma, sai che ora hai paura degli uccelli: hai paura ogni volta che ne vedi uno. Di conseguenza, eviti qualsiasi situazione che possa coinvolgere gli uccelli per paura di rimanere bloccato vicino a uno di loro. Quelle azioni che intraprendi per evitare gli uccelli, quindi, peggiorano le cose. Quando cerchi costantemente di allontanarti dagli uccelli intorno a te, sostanzialmente non fai altro che riaffermare e confermare semplicemente la paura nei loro confronti. Continuerai quindi ad avere paura di loro, e il circolo vizioso continua.

Grazie alla PNL, tuttavia, puoi interromperlo. Più specificamente, puoi cambiare la tua percezione. Vedi, l'unica cosa in questo mondo puoi veramente controllare è la tua mentalità. Hai il controllo completo dei tuoi pensieri, anche se quel controllo è qualcosa che hai ceduto a qualcun altro. Ciò significa, quindi, che in realtà hai una soluzione facile lì a tua disposizione. Tutto quello che devi fare, in primo luogo, per risolvere il problema è assicurarti che ti stai seriamente prendendo il tempo di cambiare e di liberarti della tua fobia.

Se cambi la cornice che hai creato attorno al modo in cui vedi gli uccelli, invece di continuare a vedere quella battaglia tra te e il gabbiano sul tuo cono gelato, puoi cambiare tutto — puoi invece dire a te stesso che le cose non andavano così male come stai cercando di credere.

Puoi cercare di dire a te stesso che ti sei sbagliato, che quanto ti è successo in realtà è sciocco o un semplice eccesso di reazione determinato dal tuo essere bambino, e come diretta conseguenza, finirai per sentirti diverso riguardo alla situazione. Puoi invece dirti o addirittura lo puoi raccontare agli altri, che la memorabile scena del gelato rubato dal gabbiano è stata divertente. Dopo tutto, quanti bambini possono dire che il loro gelato è stato rubato da un uccello? E, ancora meglio, hai avuto un cono gelato ancora più grande dopo che il tuo primo è stato rubato.

Quando invece inizi a sottoporti a questi altri pensieri, ricordi a te stesso che la verità è che non devi aver paura. Col tempo, potresti iniziare ad associare gli uccelli all'umorismo a causa della comicità della situazione, e quindi smetterai di sentirti come se dovessi reagire così fortemente agli uccelli ogni volta che sono intorno a te.

Quando fai questo in modo determinato, stai effettivamente riscrivendo i tuoi processi mentali. Questo significa dirottare quei pensieri negativi che si hanno, che di solito ti influenzano ad agire in un certo modo, e approfittare per assicurarti che tutto il resto che segue scaturirà una reazione diversa. Quando esegui questo processo in modo costante, riesci a ripristinare efficacemente i tuoi pensieri in modo da poter mantenere il controllo completo su te stesso.

Usare la PNL per manipolare

Come puoi vedere, la PNL è può essere un'arma molto potente. Puoi usarla in modo positivo per auto influenzarti a credere a nuovi pensieri che possono cambiare i tuoi comportamenti, tuttavia, se nelle mani sbagliate, qualcuno può sfruttarla per fare qualcosa di molto simile anche alle persone che lo circondano. I manipolatori possono usare queste tecniche con facilità non solo per influenzare i tuoi pensieri, ma anche per controllarti. Quando lo affronti, scopri che alla fine il problema non risiede nei metodi stessi, ma piuttosto attraverso l'utente che li utilizza. La manipolazione in sé, può essere in grado di influenzare e modificare come le altre persone ti vedono e quale opinione hanno di te, non è intrinsecamente pericolosa o sbagliata. Non è intrinsecamente un problema per te essere in grado di influenzare la tua mente, o anche le menti degli altri, tuttavia, ciò che conta davvero sono le tue intenzioni.

Sì, attraverso la PNL potresti abbattere qualcuno. Si potrebbe sfruttare per distruggere la loro alta autostima e la fiducia che li rendono quello che sono. È possibile creare nuovi pensieri per loro che diventino di seguito il modo attraverso il quale si rivolgono ad ogni cosa. Potresti fare in modo che interagisca con altre persone in modo offensivo o dannosi, oppure potresti impegnarti con loro per migliorarli. Pensaci: quanto spesso vedi professionisti che alterano intenzionalmente i pensieri di altre persone? Si avvicinano alle persone in modo diverso. Pensa ai terapisti per un momento, o anche ai praticanti della PNL. La PNL è stata progettata in modo che la gente potesse alterare i pensieri, ma all'interno di un processo terapeutico.

La Programmazione Neuro Linguistica è stata creata per apportare delle alterazioni e, per questo motivo, è molto potente e altamente efficace. In definitiva, il modo migliore per assicurarti di poter fare meglio, quindi, è assicurarti di sapere meglio. Assicurati di essere consapevole di ciò che stai facendo in modo da evitare che ferisca altre persone. Se intendi utilizzare la PNL, sii consapevole del potere che hai. Se sei preoccupato che altre persone ti manipolino, sii consapevole del potere che ha la PNL.

Con questa conoscenza, valuta accuratamente se il motivo per cui stai facendo qualcosa è che lo vuoi fare, o se ti stai impegnando solo perché senti di doverlo fare. Quando diventerai più bravo a capire le sfumature tra queste due situazioni, sarai in grado di difenderti meglio. Sarai anche in grado di usare la PNL in autonomia per influenzare anche te stesso, e non ci sarebbe nessun problema se lo facessi.

Rapporto

In definitiva, la PNL si basa sul rapporto, la capacità di relazionarsi gli uni con gli altri. Avere un rapporto con qualcun altro significa avere una connessione con loro: è una sorta di cameratismo, quello ad esempio che si potrebbe avere con gli amici, che rende le nostre menti ancora più connesse di quanto probabilmente siamo consapevoli. Sei mai stato in un ristorante e hai deciso di guardare la gente? Se non l'hai mai fatto prima, provalo: cerca una coppia che sembri stare insieme da molto tempo. Cosa noti del modo in cui si muovono?

La maggior parte delle volte, man mano che le nostre relazioni si sviluppano, creiamo dei rapporti tra di noi. Sviluppiamo inconsapevolmente questa capacità di capire l'altro ad un livello più profondo, e questo di solito traspare anche nel modo in cui due persone si muovono quando sono insieme, o nel modo in cui vengono in contatto a vicenda. Le persone che hanno un solido rapporto con l'altro di solito tendono a muoversi allo stesso tempo. Si rispecchiano l'un l'altro: questo processo mostra che sono strettamente collegati.

Di solito respirerai, camminerai, mangerai e berrai allo stesso ritmo del tuo amico se siete insieme. Sincronizzerai naturalmente i tuoi passi insieme ai suoi. Probabilmente assumerai le stesse pose. È possibile che farai anche altre cose insieme a lui o lei allo stesso tempo. Questo perché, quando ti piace qualcun altro, la tua mente si sincronizza con esso. Si tratta di una parte della nostra comunicazione non verbale.

Vediamo il nostro amico fare qualcosa, o muoversi in un determinato modo, e inconsciamente, ci spostiamo a fare la stessa cosa. Questo è naturale; lo facciamo perché vogliamo essere sicuri di essere costantemente nelle stesse posizioni di coloro che ci circondano.

Desideriamo essere apprezzati; desideriamo essere collegati a queste persone, e in ultima analisi, il modo in cui raggiungiamo tale somiglianza imitando l'altro determina quel senso di appartenenza.

Pensa ad esempio a quante volte accade che stai con un amico intimo oppure con il tuo partner e sei in grado di anticipare quello che pensa o quello che vuole dire. Allo stesso modo pensa a quanto alcune persone stando insieme e vivendo in sintonia tendono persino ad assomigliarsi, sia negli atteggiamenti, nei pensieri, nel modo di parlare e a volte addirittura a livello estetico.

Il rapporto è anche la chiave della PNL. Se non hai un buon rapporto con qualcun altro, probabilmente non sarai in grado di connetterti chiaramente con lui. Probabilmente non sarai in grado di assicurarti di lavorare bene con lui o di alterare la sua mente. Devi cercare di creare quella connessione in qualche modo. Ciò avviene principalmente attraverso il mirroring, ovvero un processo che ti coinvolgerà in modo efficace nell'ingannare la creazione di quel rapporto. Si tratta di forzare il punto imitando in primo luogo l'altra persona. Quando puoi farlo, essenzialmente inganni la loro mente facendogli fare lo stesso. Insegni loro che dovrebbero rispecchiarti, quindi lo fanno e, di conseguenza, finisci per creare quella fiducia reciproca.

Con il rapporto costruito attraverso il mirroring, si può quindi iniziare a sfruttare il subconscio dell'altra persona, questo grazie ai tuoi movimenti e alle tue azioni. Puoi fare in modo di cambiare il modo in cui ti muovi e agisci in modo da poter prendere il controllo. Tutto sommato, tutto ciò viene fatto in modo molto semplice: bastano quattro semplici passaggi:

1. **Ascolta attivamente:** inizia dando all'altra persona tutta la tua attenzione. Guardali negli occhi, ascoltali e annuisci mentre lo fai: tre volte è la quantità perfetta. Quando usi il triplo cenno del capo, come viene spesso chiamato, dici loro che stai ascoltando, comprendendo e

concordando con loro. Mantieni il tuo linguaggio del corpo aperto (no a gambe o braccia incrociate) in questo momento e renditi preparato per interagire con loro con attenzione e in modo aperto. Senti di avere quella connessione e credici. La convinzione è ciò che aiuta.

2. **Imitali:** il passaggio successivo inizia a imitare o rispecchiare l'altra persona. Lo devi fare con attenzione. Tuttavia, se non stai attento, puoi semplicemente informarli involontariamente che lo stai facendo e questo può causare nuovi problemi. Invece di lasciar pensare che li stai seguendo e copiandoli apertamente, aggrappati a qualcos'altro. È spesso consigliabile provare ad abbinare la tua voce alla loro, assicurati di mantenere il loro tono, la loro velocità e la loro eccitazione. Se puoi fare questo, inizierai a sintonizzarti con loro, e la loro mente catturerà questo molto inconsciamente, comprenderanno che li stai seguendo, e inizieranno a costruire quel rapporto.

3. **Trova la loro firma:** ogni persona ha la propria firma quando parla. È qualcosa che viene fatto per enfatizzare la conversazione. Alcune persone hanno qualcosa di fisico: possono muoversi in un certo modo. Altri possono avere qualcosa di verbale, come dire qualcosa che mostra che hanno fatto il loro punto, un po' come uno slogan. Cerca di capire cos'è questo segno per l'altra persona in modo da farne buon uso. Devi sapere qual è il loro in modo da poter sfruttare appieno la capacità di creare quel rapporto per te stesso. Quando l'hai identificato, osservali e quando pensi che si stiano preparando per usarlo, costringilo a usarlo. Saranno entusiasti che sembri essere sulla loro stessa linea, e inizierai quel rapporto.

4. **Provalo:** infine, l'ultima cosa da fare è testare la situazione. Il modo migliore per testarlo è fare qualche piccolo movimento innocuo e vedere se l'altra persona ci segue. Se lo fanno,

probabilmente hai avuto successo. In caso contrario, potresti provare di nuovo.

Capitolo 6: Ipnosi

Ora, se qualcuno ti dicesse che potrebbe ipnotizzarti e farti andare in giro fingendo di essere un maiale, gli crederesti? La maggior parte delle persone non lo farebbe - dopotutto, il potere della nostra mente è troppo forte per queste sciocchezze, non è vero? La verità, tuttavia, è che non è affatto così. Quando si arriva al punto, siamo facilmente influenzabili durante l'ipnosi, ma il problema è che dobbiamo essere aperti e ricettivi in primo luogo affinché sia efficace. Quando si accetta questo, l'ipnosi è potente, può essere usata per influenzare altre persone, ma è anche difficile da essere utilizzata se non si sa cosa si sta facendo e se non si sa come portare qualcun altro ad entrare in quello stato rilassato. È una tecnica che ti richiede di riuscire a portare qualcun altro in uno stato di estremo rilassamento e suggestionabilità. Quando riuscirai a fare questo, puoi iniziare a influenzare le persone e come agiscono.

All'interno di questo capitolo, vedremo come affrontare ciò che l'ipnosi è e come funziona per influenzare le menti di coloro che vi circondano. Esamineremo anche le forme più comuni di ipnosi, oltre a dare un'occhiata a come la PNL e l'ipnosi vanno di pari passo. La verità è che sono entrambe abbastanza simili tra loro, e prima puoi riconoscere quali sono le somiglianze e le differenze, e meglio è.

Che cos'è l'Ipnosi?

Innanzitutto, consideriamo un punto: l'ipnosi NON è coercitiva. Non è affatto qualcosa che può essere imposto a qualcun altro. È qualcosa che deve essere attentamente promosso e incoraggiato nel tempo: ipnotizzare qualcun altro richiede che tu sia in grado di incoraggiarlo a vedere le cose a modo tuo. Per ipnotizzare qualcun altro è indispensabile che lui voglia aprire la sua mente a voi in qualche modo. Deve quindi essere collaborativo e disponibile.

La manipolazione si verifica quando hai un manipolatore che capisce come funziona l'ipnosi, e passa il tempo a sforzarsi di convincere qualcun altro a fare qualcosa per loro. Tuttavia, non è uno sforzo rapido: ci vuole tempo perché accada. Il rapporto deve essere costruito. Devono essere convinti e invogliati a comportarsi in questi modi. Devono volerlo fare: se la persona sotto ipnosi non è disposta a fare qualcosa, semplicemente non lo farà. Devono essere disponibili. In effetti, c'è una sorta di "contratto implicito" tra la persona sotto ipnosi e quella che esegue l'ipnosi in primo luogo. Questo, ovviamente, significa che l'altra persona potrebbe trarne vantaggio. Quindi è possibile utilizzare l'ipnosi in un modo che influenzerà e controllerà le persone in negativo, ma in generale, l'ipnosi in sé non è una brutta cosa. Ancora una volta, siamo tornati all'idea: è lo strumento il problema o è la persona che lo utilizza?

Come funziona l'ipnosi

L'ipnosi funziona perché, in ultima analisi, la persona che viene ipnotizzata vuole essere suggestionata. È uno stato in cui l'ipnotizzatore li guida attentamente attraverso la loro mente, lavorando per aiutarli lentamente ma inesorabilmente a capire cosa vogliono. Quando puoi capire questo, inizi a vedere l'ipnosi per quello che è - in realtà è solo un modo per due persone di lavorare insieme per far accadere qualcosa. Quando impari a farlo in modo efficace, di solito puoi convincere l'altra persona a realizzare grandi cose. Ad esempio, l'ipnosi viene spesso utilizzata per aiutare le persone a fare cose di cui non pensavano di essere capaci in primo luogo.

Uno dei più comuni è aiutare le persone a perdere peso quando vogliono. Quando si desidera essere in grado di perdere peso, è necessario innanzitutto riuscire a convincere la mente a farlo. Alcune persone lottano con questo e, di conseguenza, non perdono mai effettivamente peso. Tuttavia, con l'ipnosi, puoi farlo accadere.

L'ipnosi funziona perché ti permette di seguire i processi di pensiero inconscio che stai avendo. Ricordi come abbiamo discusso del fatto che la PNL ha funzionato esattamente con quel processo? Grazie alla capacità di dire a te stesso che devi cambiare i tuoi pensieri inconsci e quindi farlo, puoi incoraggiare la tua mente a farlo.

Immagina questo per un momento: vuoi perdere peso. Tuttavia, il tuo subconscio pensa che fallirai. Forse hai già provato e fallito in passato, o forse pensi di essere troppo debole - volubile o altrimenti in grado di farlo accadere. Non importa il motivo, hai questa ferma convinzione che il problema sei tu e che non perderai mai peso.

Allora, cosa pensi che succederà? Naturalmente, se non credi che sarai in grado di perdere peso, non sarai realmente in grado di farlo. Ti sei già sconfitto e ti sei preparato per fallire. Come diretta conseguenza, sei bloccato, non puoi modificare quello che stai facendo, e non riesci a capire come sarai in grado di prevenire questo problema in futuro.

Tuttavia, con l'ipnosi, entri dentro te stesso e cambi quei pensieri subconsci e inconsci. Invece di dire a te stesso che non perderai mai peso, sarai in grado di ricordare a te stesso che puoi perdere peso - devi solo essere abbastanza diligente per farlo accadere.

È possibile risolvere questo problema, e grazie all'ipnosi puoi ora dire a te stesso che in realtà fare di meglio è una possibilità concreta e reale, tu puoi davvero raggiungere il tuo obbiettivo e perdere quel peso.

Con il tuo subconscio ora reindirizzato in una nuova visione, ora sai che sarai in grado di fidarti meglio di te stesso e dei tuoi pensieri. Sarai in grado di acquisire fiducia nelle tue capacità e assicurarti di prenderti il tempo e impegnarti per perdere peso in quel momento perché la tua mente crederà che puoi farlo in primo luogo.

Come puoi vedere, quindi, l'ipnosi e la PNL sono più o meno la stessa cosa: si sta utilizzando una partnership tra due persone per alterare i processi di pensiero e cambiare anche i comportamenti. Quando lo fai, sai che sei in grado di cambiare i comportamenti con facilità. Sia la PNL che l'ipnosi sono potenti forme in grado di influenzare la mente, utilizzate in modi diversi, per raggiungere lo stesso obiettivo finale.

Forme comuni di ipnosi

Ora, diamo un'occhiata ad alcuni dei modi più comuni attraverso i quali viene applicata l'ipnosi. Come per la PNL, ci sono molte opzioni diverse che possono essere applicate. Ci sono quattro tipi distinti che esamineremo ora.

Ipnosi tradizionale

In primo luogo, considereremo l'ipnosi tradizionale. Questa è la forma più semplice che è in grado di funzionare proprio grazie alla sua semplicità. Questa tecnica è progettata per fare affidamento su pochissimo: si lavora solo per creare uno stato ipnotico, di solito attraverso il processo di ascolto di qualcosa di calmo e rilassante, oppure parlando alla persona molto lentamente e con un ritmo molto costante senza cambiare intonazione. Quando si fa questo, di solito, si è in grado di entrare in quello stato di estrema suggestionabilità in cui si possono iniziare a sostituire i cattivi pensieri con quelli nuovi e positivi che desideri. Quando sei in quello stato rilassato, i nuovi pensieri ti vengono suggeriti, installati e rinforzati. Quindi, la tua mente tende ad assorbire solo quei pensieri, facendoli poi emergere in superficie e facendo un buon uso di essi in autonomia. Come risultato diretto, finisci per sostituire i tuoi pensieri essendo in grado di fissare il tuo nuovo modo di pensare e di impegnarti. Con i tuoi pensieri cambiati, puoi vedere anche i tuoi comportamenti cambiare.

Ipnosi Ericksoniana

Quindi, diamo ora un'occhiata all' ipnosi ericksoniana. Questo tipo di ipnosi viene così chiamata in base alle pratiche del Dr. Milton Erickson, èd è una tecnica di ipnosi progettata per funzionare attraverso la metafora. Questo viene fatto perché spesso, quando le persone sono scettiche nei confronti dell'ipnosi, resistono. Tuttavia, questo sistema ti consente di aggirarlo. Le metafore confronteranno e metteranno in contrasto le cose naturalmente per iniziare a incoraggiare i comportamenti desiderati. La mente, attraverso le metafore, arriva quindi al punto di comprendere i pensieri che volevi installare in primo luogo. Questo viene fatto con metafore isomorfiche - quelle che disegnano confronti uno ad uno tra la morale di una storia e un problema che viene affrontato dalla mente. Oppure, può essere applicata attraverso la tecnica interspersale, metafore progettate per incorporare i comandi che si desidera utilizzare, consentendo loro di evitarne il rilevamento in primo luogo.

Numerosissimi furono i pazienti curati da Erickson adottando tecniche giudicate "non comuni", a volte persino screditate e definite come "interventi al limite dello sciamanico". Il suo particolare modo di comunicare con i pazienti, non solo attraverso l'uso della trance e dell'ipnosi, era di un'efficacia così sorprendente da valergli l'epiteto di *"the Greatest Communicator"*. Erickson riuscì, ad esempio, mediante la trance ipnotica a far sviluppare il seno in una ragazza che non era capace di riappropriarsi delle sensazioni del proprio corpo. Avevano invece fallito anni ed anni di cure ormonali. (Milton Erickson e Rossi, 1988). Egli credeva che dovessero essere indagati i meccanismi del linguaggio comune mente-corpo se si voleva comprendere l'essere umano *in toto*, e sfruttarne interamente le potenzialità.

Ipnosi PNL

L'ipnosi PNL è una forma comunemente usata con le tecniche PNL. Tecniche come l'ancoraggio, la riformulazione e il flashing vengono utilizzate per aiutare a superare i pensieri problematici e creare i comportamenti che si desidera effettivamente esibire in primo luogo. Questi metodi vengono applicati in modo efficace e possono essere eseguiti individualmente attraverso l'autoipnosi o con l'aiuto di qualcun altro.

Autoipnosi

Infine, consideriamo l'autoipnosi. Questa forma viene eseguita individualmente e permette di entrare in contatto con la parte più profonda di sé stessi, viene utilizzata sin dai tempi più antichi. Benson ad esempio parla di questa tecnica ipnotica attraverso ripetizione di un concetto o di una parola, che porterebbe quindi ad una concentrazione totale. Grazie a questa trance profonda si è capaci di entrare in quello stato di rilassamento estremo in modo da poterti poi suggerire cosa vuoi fare, oppure cosa puoi fare.

Emile Couè, era un farmacista famoso in tutto il mondo per l'elaborazione di una tecnica finalizzata all'autoguarigione attraverso il dominio di sè ovvero il controllo e la padronanza della volontà e dell'immaginazione. Secondo Couè, il pensiero umano possiede la forza di plasmare il corpo fisico e partendo da questo principio, ispirato alla filosofia indiana, affermava l'importanza dell'immaginazione che guidata metodicamente poteva guarire le malattie fisiche e morali. In ogni uomo, sosteneva Couè, persiste una lotta tra l'immaginazione e la volontà, una lotta che, immancabilmente, culmina con la sconfitta di quest'ultima. A sostegno di questa teoria, riportava alcuni esempi: "

...Se soffriamo d'insonnia, il pensiero di non poter dormire e lo sforzo per riuscirvi (ricorso alla volontà) ci renderà più agitati, più nervosi, allontanando sempre più il sonno desiderato. Se noi invece ricorressimo all'immaginazione, ripetendoci dolcemente: "Io dormo, ora dormo, io posso dormire ecc.", il sonno non tarderà a calare sulle nostre palpebre".

Capitolo 7: Inganno

Ora, prendiamoci un po' di tempo per considerare l'inganno. L'atto dell'inganno consiste nel riuscire a oscurare la verità. Viene usato per nascondersi per qualche motivo o per assicurarsi di essere in grado di oscurare qualcosa. Tuttavia, l'argomento dell'inganno può essere alquanto vago per alcune persone. Quand'è che dovremmo considerarlo inganno, e quando si tratta invece di ignoranza? Una bugia bianca è una forma di inganno? C'è mai stato un momento in cui l'inganno è effettivamente una buona cosa da usare? Queste sono tutte domande fantastiche e sono molto rilevanti in considerazione della psicologia oscura, della manipolazione e dell'abuso narcisistico.

In questo capitolo, ci soffermeremo a definire e comprendere cos'è l'inganno. Cercheremo di capire se è intrinsecamente malvagio o un problema, e affronteremo anche il problema di come individuarlo e capire in che modo si possa sapere con certezza quando ne sei esposto in modo da poterti proteggere e mantenere te stesso sicuro.

Definizione di inganno

L'inganno stesso è definito come l'azione di ingannare qualcuno. Serve per nascondere intrinsecamente qualcosa; per provare a far sì che qualcun altro accetti come valido qualcosa che è intrinsecamente falso o sbagliato. È effettivamente una bugia o una truffa: è qualcosa che può essere utilizzato per alterare la tua comprensione di un avvenimento o per indurti a fare qualcosa che è considerata una truffa o un trucco.

In definitiva, l'inganno ha uno scopo: è lì per nascondere qualcosa. Vuole essere un modo in cui tu o qualcun altro potete fuorviare completamente qualcun altro nella speranza di poter oscurare la verità. Forse hai fatto qualcosa di cui non vuoi che gli altri sappiano. Forse vuoi sapere se riesci a tirarti fuori dai guai fingendo di non aver fatto nulla. Oppure forse vuoi rubare denaro per qualcosa. Non importa il motivo per cui vuoi ingannare qualcuno, la verità è che se non stai attento, le persone scopriranno la verità. Capiranno che c'era una bugia.

In genere, applicare l'inganno implica che tu sia in una posizione di fiducia, che puoi sfruttare per essere in grado di alterare direttamente il modo in cui interagisci con qualcun altro. Potrebbe essere che lo fai soltanto perché stai cercando di offrire una sorta di simpatia e protezione: potresti ad esempio dire a tuo figlio che il cane è andato a giocare in una fattoria o che il gatto è scappato di casa invece di dire a tuo figlio la verità (che il tuo amato animale domestico è morto). Ora, a un certo punto, tuo figlio probabilmente scoprirà la verità, molto probabilmente noterà a un certo punto che alla fine gli avevi detto qualcos'altro, e probabilmente sarà infastidito, alzerà gli occhi al cielo e andrà avanti con la vita.

Altre persone, invece, sono diverse. Quando inganni altre persone, stai erodendo quella fiducia in loro. Se tradisci un partner, ad esempio, ci sono buone probabilità che tu possa dover affrontare il contraccolpo da qualche parte. Allo stesso modo, se menti su qualcosa al lavoro o fingi di avere credenziali che non hai, potresti incorrere in nuovi problemi. Mentre le persone inizialmente ti crederanno, ci sono anche buone probabilità che comincino a vedere anche la verità: che stavi mentendo loro e che le hai ingannate direttamente su qualcosa di potenzialmente serio.

Quella fiducia, quando la danneggi a tal punto, non può essere facilmente riconquistata. Ci vuole tempo e impegno per far sì che tutti siano interessati a crederti dopo che li hai ingannati e questo significa che dovrai prenderti tempo per assicurarti di essere in grado di migliorare

L'inganno è, intrinsecamente, oscuro solo in virtù di ciò che stai facendo. In realtà stai solo mentendo o stai tentando di mentire senza che sia chiaro che lo stai facendo. Mentire ad altre persone è intrinsecamente sbagliato, e per questo motivo, è importante capire come funziona l'inganno e come individuare quando qualcuno sta mentendo a voi. Quando sarai in grado di individuare queste differenze, sarai in grado di fare molto meglio; imparerai cosa ci vorrà per notare quando qualcun altro ti sta mentendo in modo da evitare che in seguito diventi un problema più grande. Puoi impedire a te stesso di innamorarti di bugie e altre forme di inganno solo in virtù della comprensione di cosa significa farlo.

Forme di inganno

L'inganno è flessibile quando siamo noi a farlo; può essere modificato con facilità solo in virtù del fatto che utilizza le parole come linguaggio. Abbiamo una quantità indefinita di parole che possiamo usare alla fine della giornata e, per questo motivo, è molto facile creare un elenco infinito di modi in cui puoi mentire. Tuttavia, non importa quale sia la bugia in sé, diamo un'occhiata a come possono essere formattati. Seguirà quasi sempre uno dei diversi schemi.

Bugie

Queste sono le forme più elementari di inganno: si verificano quando dici qualcosa che non è effettivamente vero. Quando menti a qualcun altro, gli dici che una cosa è la verità, quando in realtà quello che stai dicendo è completamente sbagliato. Questo è diverso dal solo esagerare in un modo o nell'altro: è più di questo. Stai cercando di convincere qualcun altro che 2 + 2 = 6 e ti aspetti che siano perfettamente d'accordo. Mentire a qualcun altro significa semplicemente non dire alla gente qual è la verità. Sia che tu menti sul fatto di essere coinvolto in qualcosa, o che tu dica che non sai cosa sia successo a qualcosa che era in tuo possesso al momento in cui è stato danneggiato o perduto, questo oscura in un modo o nell'altro la vera verità, il nocciolo della questione è che hai mentito. Sta specificatamente tentando di coprire qualcosa, e questo è il problema.

Equivocazioni

Gli equivoci si riferiscono al velare la verità dietro l'ambiguità. Stai deliberatamente formulando le cose in un modo che potrebbe essere preso in entrambi i contesti nella speranza di poter nascondere la verità, lo speri perché hai risposto o spiegato un concetto in modo che qualsiasi opzione possa tecnicamente essere considerata vera, in una certa misura, da quello che hai detto, nessuno può discutere. Qui pensa alla competenza dei politici: sono abili nel dire le cose nel modo giusto che funzionerà per attrarre tutte le persone coinvolte. Stai cercando di dare una spiegazione vaga che non risponde esattamente alla domanda iniziale ma oscura tutto quanto basta per essere passabile.

In effetti, quando lo fai, inganni solo in virtù del fatto che stai intenzionalmente oscurando la verità. Non sei onesto su ciò che hai fatto, o stai cercando di nascondere altrimenti ciò che stai facendo o pensando, e come tale, ti imbatti in ogni sorta di nuovi problemi e tecnicismi. Ad esempio, considera cosa succederebbe se applicassi un'etichetta su qualcosa che dice che è stato prodotto negli Stati Uniti. In realtà, l'*etichetta* è stata prodotta negli Stati Uniti, ma il prodotto reale è stato prodotto in Cina. Questo tipo di equivoco ha lo scopo di fuorviare efficacemente le persone in modo che possano essere ingannate e tu possa andare avanti.

Occultamento

Alcune persone preferiscono nascondere semplicemente la verità. Fare uso dell'occultamento implica tralasciare intenzionalmente le informazioni nella speranza che vadano completamente perse. Ad esempio, potresti tralasciare dettagli che potrebbero riflettersi male su di te. Immagina che tu e qualcun altro siate coinvolti in una lite. La polizia viene a interrogare voi due per calmare le cose. Dici che ti stavi difendendo perché l'altra persona ha fatto qualcosa per prima. Non importa il fatto che in realtà hai molestato l'altra persona in passato prima dell'incidente. Quando si lasciano fuori i dettagli, si sta effettivamente sperando che l'altro non si renda conto della verità.

Esagerazioni

Un'altra forma comune di inganno è esagerare qualcosa. Quando esageri il valore di qualcosa, ad esempio, fai credere all'altra persona che sta ottenendo un valore quando, in realtà, la stai ingannando. Questo viene fatto per qualsiasi ragione specifica: lo fai perché speri di essere in grado di invogliare qualcuno a fare qualcosa, sapendo benissimo che sei ingannevole al riguardo.

Per esempio, immaginate che avete bisogno di una scusa per non andare a lavoro un giorno poiché la sera prima hai fatto tardi e hai bevuto un po' troppo con gli amici, quindi ti senti un po' frastornato. Mandi un messaggio al tuo capo, facendogli sapere che sei malato e che vomiti dalla sera prima, e che non puoi lavorare perché non vuoi far ammalare nessun altro. Ora, è vero, non stai bene, quindi effettivamente è come se fossi malato, ma i postumi di una sbornia non sono contagiosi. I postumi di una sbornia sono causati dalle tue stesse azioni, non da qualcosa che può essere trasmesso ad altre persone. Tuttavia, quando esageri, qualcosa suona peggio; e di solito puoi ottenere quello che volevi senza troppi problemi o conseguenze.

Attenuazione

Quando fai un eufemismo, fai esattamente l'opposto. Invece di raccontare qualcosa e peggiorarlo, cerchi di minimizzarlo. Forse hai lasciato cadere il telefono di qualcuno e hai mandato in frantumi lo schermo. Invece di scusarti profusamente e offrirti di risolvere il problema, te lo scrolli di dosso. "Oh, dai è solo appena graffiato!" potresti dire all'altra persona: "Andrà tutto bene. Puoi a malapena vederlo e puoi ancora usarlo comunque. Perché ti lamenti?" In questo modo, cerchi di oscurare la verità rendendola non così grande come in realtà è. Poi, quando qualcuno ti chiede cosa è successo, in seguito potresti alzare le spalle e dire che l'altra persona ha fatto una gran tragedia per un piccolo graffio.

Individuare l'inganno

Se vuoi individuare l'inganno, hai molti metodi che puoi usare che ti aiuteranno a farlo. Una volta che sai cosa stai facendo, sarai in grado di farlo con facilità. Devi solo sapere da dove iniziare e quali sono gli omaggi comuni dei cluster comportamentali. La verità è che siamo molto leggibili. Come specie, gli esseri umani sono in grado di essere letti e piuttosto semplicemente quando la gente sa cosa cercare. Vediamo ora come capire quando ti stanno mentendo.

Conosci i segnali di stress

Inizia familiarizzando con i comuni segnali di stress. Questi sono ciò che ti dice che probabilmente sta succedendo qualcosa che sta mettendo a disagio l'altra persona. La verità è che alla maggior parte delle persone non piace mentire. A loro non piace ingannare su qualcosa e, quando è necessario, i loro corpi di solito tradiscono ciò che è successo. I segnali di stress più comuni che noterai mentendo includono:

- **Aumento del ritmo della respirazione:** Mentre non si possono facilmente vedere segnali come l'aumento del battito cardiaco o della pressione sanguigna quando si sta cercando di capire, si può invece vedere com'è la respirazione, e spesso, inconsciamente la tendenza sarà naturalmente quella di accelerare il respiro quando si sta mentendo o cercando di ingannare qualcuno. Ciò è dovuto al fatto che il tuo corpo è sotto stress. Mentre il tuo cuore accelera, così fa anche il tuo respiro.

- **Linguaggio di chiusura del corpo:** di solito, vedrai anche che l'altra persona sarà molto chiusa dopo aver mentito: ad esempio, incrociano le braccia e manterranno il corpo piegato verso l'interno.

- **Bloccarsi:** se fai una domanda a cui non sono disposti a rispondere onestamente, potresti scoprire che trasmettono che in realtà non sono sinceri. Si congelerebbero quando mentono o appena prima di dire qualcosa di falso a qualcuno.

- **Evitare il contatto visivo:** Rifiutarsi di stabilire un contatto visivo è un altro segno che c'è qualcosa che non và e che l'altra persona potrebbe essere sfuggente perché non vuole mentire, che lo ammetta a sé stessa o meno.

- **Fissare:** a volte, scoprirai al contrario che il bugiardo in realtà si limita a fissare invece di distogliere lo sguardo. Questo perché molte persone sanno che dovrebbero stabilire un contatto visivo per evitare di essere scoperti per aver mentito, quindi cercano di compensare eccessivamente il desiderio di distogliere lo sguardo, ma così facendo finiscono per diventare più ovvi riguardo alle loro bugie.

- **Gli atteggiamenti:** quando si mente, in generale, c'è un particolare gruppo di comportamenti che si vedono abbastanza frequentemente: toccarsi le mani, il viso, incrociare le braccia e appoggiarsi all'indietro. Quando ciò accade, sai che probabilmente ti stanno mentendo. Presta molta attenzione a questi comportamenti particolari per proteggerti dall'inganno.

- **Le parole:** ci sono schemi molto specifici che coglierai quando ti mentono. Di solito, verrai deviato e interrotto spesso quando ti viene mentito. L'ingannatore in genere devierà regolarmente il discorso: farà in modo di evitare di rispondere direttamente. Ad esempio, se chiedi a qualcuno se ha rotto qualcosa, potrebbe dirti: "Cosa sono, le 5.00?" Hanno risposto alla domanda? Non direttamente, ma lasciavano intendere che non erano responsabili, nonostante fosse molto probabile che si assumessero tale responsabilità.

Dovrai esaminare tutti questi diversi segni, capire se sono davvero presentati o se fanno parte delle tendenze generali del linguaggio del corpo dell'altra parte in primo luogo.

Capitolo 8: Capire il lavaggio del cervello

Il lavaggio del cervello è una forma particolare di manipolazione o controllo su qualcun altro che viene utilizzata con mezzi molto specifici: di solito, quando si utilizza il lavaggio del cervello, ci si riferisce a uno schema molto specifico che viene applicato tipicamente in situazioni di ostaggio per cercare di convincere l'altra persona a cedere al controllo. Il lavaggio del cervello si verifica più spesso nel contesto del tentativo di convincere qualcun altro a conformarsi a qualcosa di nuovo.

Lo scopo del lavaggio del cervello si riduce alla riforma del pensiero: quando viene utilizzato, l'intero scopo è ottenere la conformità e la rieducazione per incoraggiare qualcuno a diventare qualcuno che non è. In questo capitolo, definiremo il lavaggio del cervello e scopriremo come funziona. Daremo anche uno sguardo ai passaggi più comuni per completare il processo.

Definizione di lavaggio del cervello

Forse la prima fonte di lavaggio del cervello documentata e segnalata è stata registrata durante la guerra di Corea del Nord del 1950. Durante questo periodo, è stato riferito che diversi prigionieri di guerra americani furono tenuti in campi di prigionia e subirono il lavaggio del cervello facendogli credere di essersi impegnati in una guerra batteriologica e di aver promesso fedeltà al comunismo. Durante il periodo in cui ciò è accaduto, sono stati effettivamente privati della loro identità, costretti a conformarsi e hanno denunciato tutto ciò che avevano saputo delle loro vite passate. Hanno letteralmente riscritto i loro pensieri attraverso la coercizione e la minaccia.

Il lavaggio del cervello in definitiva è una forma di influenza progettata per essere invasiva e potente per abbattere la mente dell'altra persona. Alla fine si adeguano nella speranza di proteggersi dal ferirsi peggio. Diventa autoconservazione fare qualunque cosa gli venga detto di fare pur di proteggersi e, di conseguenza, sono disposti ad assumere di essere personaggi complessi che gli sono interamente stati dettati dai loro rapitori.

La scienza del lavaggio del cervello

Si ritiene che il lavaggio del cervello funzioni perché l'agente, la persona che lo esegue, sta acquisendo il controllo completo e totale sull'obiettivo, ovvero sulla persona a cui è stato sottoposto il lavaggio del cervello in primo luogo. Questo fa sì che l'agente abbia il potere completo su tutto ciò che riguarda l'individuo. L'agente deve determinare quando le esigenze possono essere soddisfatte e come sono. Il risultato finale è una distruzione sistematica di tutto ciò che serve a rendere quella persona quello che è.

Nel tempo, poiché non riescono a soddisfare i loro bisogni, si sentono come se le loro identità fossero distrutte al punto da non essere più vitali. Successivamente attraverso la tortura, la coercizione e il controllo, può verificarsi il lavaggio del cervello. In genere, tuttavia, va notato che nel tempo è possibile restituire la vecchia identità all'individuo. Dopo aver lasciato la situazione pericolosa, è possibile, con la terapia, che venga restituita la sua reale vecchia identità.

Utilizzo del lavaggio del cervello

Quando avviene il lavaggio del cervello, di solito viene eseguito attraverso diversi passaggi progettati per essere il più efficaci possibile. Questi passaggi sono brutali, ma questo è lo scopo di tutto. È progettato per essere brutale in modo che possa avere l'effetto desiderato. Esaminiamo ora i passaggi che entrano in questo metodo.

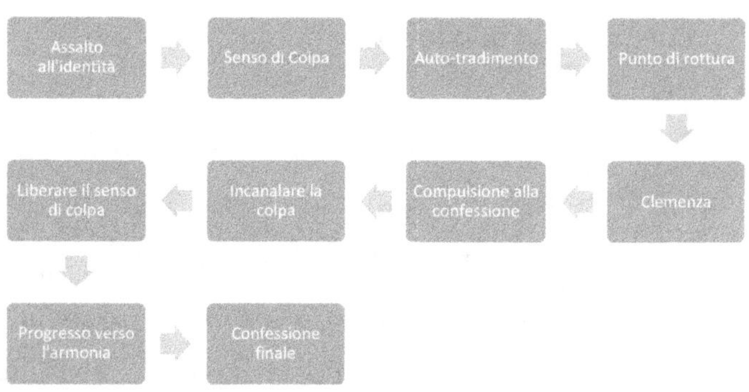

1. **Assalto all'identità:** il primo passo è progettato per aiutare ad abbattere il sé. È un assalto alla tua identità diretta. È progettato per farti sentire come se non fossi quello che sei. A livello pratico, l'agente negherà tutto. Contrasterà direttamente tutto ciò che l'individuo può pensare sia reale. Quando ciò accade, l'individuo viene ripetutamente attaccato fino all'esaurimento e alla fine, potrà persino cedere a ciò che dice l'altra persona.

2. **Senso di colpa:** Successivamente, l'individuo deve sentirsi in colpa. Questo viene fatto in modo che l'individuo abbia maggiori probabilità di rinunciare alla propria identità. Quando l'intera identità viene avvolta nel senso di colpa, è più facile sbarazzarsene e fingere che non sia lì piuttosto che fare qualsiasi altra cosa. Rifiutando completamente l'identità, l'individuo è ancora più vicino al lavaggio del cervello.

3. **Auto-tradimento:** Segue la fase in cui l'agente fa in modo che la sua vittima sia d'accordo con

quanto è stato detto. L'agente vuole che il suo bersaglio riconosca di essere "cattivo" e che è ora di denunciare chi era una volta. Hanno bisogno di sentirsi come se avessero torto per far si di cancellare le opinioni che hanno in modo da poter fare meglio.

4. **Punto di rottura:** quel tradimento culmina in quello che è noto come il punto di rottura, il punto in cui l'individuo non riesce più a farcela. A questo punto, il bersaglio attraversa quello che viene comunemente definito esaurimento nervoso: pianti, depressione e, in genere, molto malcontento. Questo può accadere nel bel mezzo di un episodio psicotico o perché possono avere anche altri problemi in corso. Credono che ogni speranza sia persa, e questa è la chiave dell'intero processo.

5. **Indulgenza:** quando tutto sembra impossibile, è allora che l'agente può intervenire e prendere il controllo. Di solito, questo accade con una piccola gentilezza, offrendo un po' di clemenza o

altrimenti offrendo un bicchiere d'acqua, e quella piccola gentilezza è sufficiente per far sentire l'individuo in debito.

6. **La spinta a confessare:** a questo punto, il bersaglio si rende conto di avere speranza. Non tutto è perduto, e possono fare ciò che ci vorrà per proteggere sé stessi. Quindi, quello che fanno è confessare. Vogliono cercare di canalizzare e alleviare lo stress e il senso di colpa, quindi confessano.

7. **Incanalare il senso di colpa:** a questo punto, il bersaglio presume di avere torto. La vittima presuppone che si sbaglia per qualche ragione, e vuole sbarazzarsi di quel senso di malessere, che viene collegato alla loro colpevolezza. Associano quindi tutti i sensi di colpa e il malessere sulla loro identità per tentare di liberarsene.

8. **Liberarsi del senso di colpa:** il bersaglio si rende conto che il problema non è con lui o lei, ma piuttosto con la colpa e le convinzioni. Non

devono essere permanentemente cattivi o problematici: possono migliorare e fare di meglio per alleviare il dolore e scappare. Quindi, lo fanno attraverso le confessioni.

9. **Il progresso verso l'armonia:** A questo punto, la vittima è in grado di cominciare a fare un passo verso ciò che percepisce come la salvezza o la bontà, possono finalmente cercare di ricostruire se stessi ad essere buoni, e in tal modo, nel decidere di assimilare e rispettare, sono in grado di fermare l'abuso. Denunciando il passato, la vittima è in grado di iniziare a scegliere il nuovo sistema di credenze, facendo una scelta consapevole di assimilare e conformarsi. Di conseguenza, lui o lei arriva alla conclusione che questa nuova identità è affidabile e sicura, e la segue.

10. **Confessione finale:** Alla fine, la nuova vita è consolidata. Tutte le vecchie credenze vengono rifiutate, e l'individuo impegna la fedeltà alla sua

nuova vita, invece. Questo in genere comporta
coinvolgimento.

Capitolo 9: Leggere velocemente per capire le persone

Se sei pronto a leggere le altre persone, questo è il capitolo che fa per te. In definitiva, essere in grado di leggere le altre persone è molto importante. Se vuoi essere in grado di capire cosa sta succedendo nella mente di qualcun altro, devi prima essere in grado di dire cosa sta succedendo al suo corpo. La verità è che se sai cosa stai facendo le persone risultano abbastanza facili da leggere. Tutto quello che devi fare è assicurarti di guardare determinati comportamenti all'interno dei diversi gruppi.

In definitiva, comunichiamo tutti con le persone in modo diverso. Abbiamo segnali sia verbali che non verbali che emettiamo in ogni momento. Tuttavia, la maggior parte della nostra comunicazione è non verbale. Senza rendercene conto utilizziamo molto il linguaggio del corpo e lo usiamo in tutti i modi diversi per essere in grado di capire cosa sta succedendo con le altre persone. Guardiamo cose come la vicinanza gli uni agli altri e il comportamento generale per capire cosa sta succedendo nella mente di una persona in modo da poter ottenere più informazioni da loro. Quando lo fai, impari a riconoscere come interpretare ciò che stanno per fare, ammesso che facciano qualcosa.

In questo capitolo, daremo uno sguardo a ciò che ti servirà per iniziare a capire le altre persone a colpo d'occhio. Imparerai a comprendere le espressioni di base, l'attrazione, il comportamento chiuso, l'assertività e il dominio. Tutti questi sono importanti a modo loro, servono ruoli importanti che puoi utilizzare. Tutto quello che devi fare è assicurarti di sapere cosa cercare!

Leggere le espressioni

In definitiva, abbiamo sette espressioni primarie: queste sono conosciute come le nostre espressioni universali perché puoi individuarle praticamente in qualsiasi cultura. Non importa da dove vieni, sai benissimo che quello che un sorriso, ed è in grado di ispirare determinate emozioni più o meno in qualsiasi posto nel mondo. Questo perché un sorriso è un'espressione considerata universale. Diamo ora un'occhiata alle sei emozioni universali in modo da poter vedere meglio cosa aspettarsi da esse.

Felicità

La felicità è facile da capire. Quando vedi qualcuno che è felice, puoi riconoscerlo principalmente dal sorriso. Tuttavia, il segno più ovvio di felicità è la ruga negli occhi: è così che sai che il sorriso e la felicità sono legittimi.

Tristezza

Quando si tratta di tristezza, puoi identificarla dal fatto che l'intero viso si scioglie, per così dire. Puoi vedere che le sopracciglia scendono. Gli angoli della bocca fanno altrettanto, e gli angoli interni delle sopracciglia tendono a salire. Potrebbe anche essere o non essere coinvolto il pianto e il lamento.

Rabbia

La rabbia è definita da tre caratteristiche principali, a parte il comportamento che ne consegue. Di solito, qualcuno che è arrabbiato avrà le sopracciglia abbassate mentre preme saldamente le labbra. In alternativa, la bocca può essere aperta, mostrare i denti ed assumere una forma più squadrata.

Paura

La paura è solitamente mostrata come le sopracciglia molto alzate sul viso, oppure ancora piatte, con gli occhi spalancati. Anche la bocca di solito si apre ampiamente.

Sorpresa

La sorpresa è simile alla paura nelle persone, ma la netta differenza è che la mascella si abbassa lungo l'apertura della bocca e gli occhi sono generalmente aperti in modo più ampio, mostrando il bianco della cornea su entrambi i lati. Anche le sopracciglia sono arcuate anziché essere solo sollevate.

Disgusto

Il disgusto si nota principalmente osservando come si uniscono i tratti del viso. Il labbro superiore si solleva, rialzandosi leggermente. Anche il ponte nasale di solito si raggrinzisce e le guance si pizzicano verso l'interno e verso l'alto per cercare quasi di proteggere gli occhi.

Leggere l'attrazione

Quando qualcuno è attratto da qualcun altro, mostra anche un linguaggio del corpo molto evidente. In particolare, ti puoi aspettare di vedere tutti i tratti tipici delle azioni specifiche. Il corpo di solito non mente, ed è a causa di questo che è possibile guardare direttamente i comportamenti che qualcuno sta avendo per capire se essi sono attratti da voi oppure no. In particolare, dovresti cercare i seguenti comportamenti:

- **Contatto visivo prolungato:** vedrai che l'altra persona manterrà maggiormente il contatto visivo quando sarà attratta da te. Inoltre, di solito distolgono lo sguardo e poi guardano indietro per vedere se li stai ancora guardando.

- **Sorridere:** c'è una ragione per cui supponiamo che sorridere sia segno di un flirt: succede spesso. Il sorriso provocante e attraente di solito dura più a lungo e include anche un contatto visivo civettuolo, fugace, ma regolare, sostanzialmente siamo consapevoli che quando sorridiamo siamo più belli, trasmettiamo positività e quindi cerchiamo in un certo senso di sforzarci per piacere all'altra persona.

- **Cura del proprio corpo:** Uomini e donne entrambi fanno questo, si spazzolano i loro capelli con le mani, sistemano i loro vestiti, pensano quindi ad essere più attraenti nei tuoi confronti. In caso contrario stanno in un certo senso manomettendo il loro comportamento per non lasciarlo trasparire quando stanno flirtando o parlando con qualcuno che trovano attraente. Se lo fanno regolarmente, però, potrebbero essere davvero attratti da te.

- Apparire **nervosi:** essere nervosi è una cosa molto normale quando si è attratti da qualcun altro, e questo di solito si manifesta armeggiando ripetutamente qualcosa (una penna, un mazzo di chiavi, qualsiasi cosa che è a portata di mano).

- **Appoggiarsi:** in genere, le persone si piegheranno verso di te, come se volessero proteggere le cose da cui sono attratte e le persone non fanno eccezione a questa regola. Noterai anche che i piedi indicheranno la persona da cui l'individuo è attratto.

- **Leccarsi le labbra:** questo è comune, ma è un comportamento sottile e facile da perdere. Tuttavia, puoi notarlo se presti molta attenzione. Di solito, è evidente, bagnarsi velocemente le labbra e praticare una piccola suzione o passarci sopra velocemente la lingua e segno di attrazione nei confronti dell'altra persona.

Leggere l'assertività

L'assertività è calma, caratteristica di chi è sicuro di sé e ha il controllo. In effetti, se qualcuno è assertivo, si comporta come se avesse il totale controllo: si prende il suo tempo, si sente a suo agio con sé stesso, ma non si farà nemmeno in quattro per oltrepassare le altre persone. Le persone assertive si siedono semplicemente e lasciano che le cose si svolgano senza lasciare che qualcun altro le domini. I segni più comuni di assertività includono:

- **Movimenti fluidi del corpo:** quando si è assertivi su qualcosa, non si hanno movimenti a scatti o impacciati che sono invece sintomo delle persone insicure o a disagio. Sono fluidi e si controllano senza troppi problemi, anche se eccitati o emotivi. Anche la voce suona dolce e calma e si guardano intorno lentamente e costantemente.

- **Equilibrato:** l'individuo assertivo è generalmente eretto, rilassato, ma anche ben equilibrato e confortevole.

- **Linguaggio del corpo aperto:** di solito, queste persone dimostrano di essere aperte al coinvolgimento senza essere minacciose o provocatorie. Non bloccano affatto i loro corpi e mostrano anche le mani aperte. Non denotano quindi mai disagio o timore.

- **Contatto con gli occhi regolare:** il contatto con gli occhi è generalmente costante e mantenuto comodamente senza troppi problemi.

- **Sorridere:** nelle comunicazioni con le persone assertive ci sono molti sorrisi educati, ascoltano bene anche con questo linguaggio del corpo. Di solito, ci si può aspettare che l'altra persona sia abbastanza confortevole, e faranno sorridere con facilità e in modo appropriato.

- **Fermezza:** sebbene siano ferme, di solito hanno una posizione solida senza molti problemi. Non sono affatto aggressivi e di solito mostrano che sono disposti ad ascoltare, ma sono anche fermi. Non intensificano nulla e tendono a evitare l'aggressione in qualsiasi forma.

Lettura della Dominazione

La dominazione è poco più che assertività. Di solito, con assertività, vedi qualcuno che sta dimostrando di essere sicuro di sé senza essere minaccioso. Tuttavia, con la dominazione puoi aspettarti di vedere un comportamento molto più minaccioso. Un corpo dominante mostrerà segni come:

- **Aggressività facciale:** sarai in grado di vedere l'aggressività sul viso, di solito sotto forma di cipiglio e ghigno, o addirittura ringhiando.

- **Fissare:** l'individuo aggressivo di solito fissa qualcuno che non gli piace, oppure può anche strizzare gli occhi o tentare di evitare di guardare qualcuno completamente.

- **Posizione larga del corpo:** Essi di solito si distinguono con le loro spalle allargate, e possono anche condurre la comunicazione con le loro braccia aperte. Possono anche stare in piedi con le mani posizionate saldamente sui fianchi e le gambe leggermente divaricate, come a imporsi maggiormente.

- **Movimenti improvvisi:** potresti notare che l'aggressore è molto rude con i suoi movimenti, muovendosi improvvisamente e talvolta anche in modo irregolare. È un buon segnale che lui o lei non sia in una buona posizione in quel momento e potrebbe fare anche qualcos'altro di aggressivo.

- **Gesti ampi:** potresti notare che mentre l'individuo si muove, segnalerà con movimenti aggressivi, quasi troppo grandi o ampi che si avvicinano a te senza mai avvicinarsi abbastanza da toccarti.

Leggere il comportamento chiuso

Infine, esaminiamo il comportamento chiuso prima di continuare. Il comportamento chiuso mostra che l'individuo non è affatto interessato a interagire con l'altra parte. Quando vedi un comportamento chiuso, sai che l'individuo non vorrà interagire con te; si sa che stanno comunicando che vogliono essere lasciati soli, o che non sono ricettivi e disponibili a interagire. I segnali tipici di questo tipo di comportamento che puoi notare, sono ad esempio:

- **Braccia incrociate:** questo è forse il segno più rivelatore. Quando qualcuno si sente chiuso, quasi sempre incrocia le braccia e tiene le mani vicine al corpo. Quando si trovano a parlare in questa situazione di chiusura, manterranno una voce monotona. Pensa a questo come un segno che stanno creando una barriera tra loro e l'altra parte con le loro braccia. Si vuole essere lasciati soli, quindi ci si chiude completamente.

- **Gambe incrociate:** se volessi mantenere una posizione di chiusura o individuarla in chi sta comunicando con te, puoi osservare tipicamente anche le gambe incrociate. Quando fai questo, vedi che le ginocchia sono l'una di fronte all'altra quando ti siedi, oppure si possono anche incrociare le caviglie. Questo crea un'immagine ancora più chiusa che mostra che sei difensivo e non disposto ad ascoltare o cambiare il tuo punto di vista su qualcosa.

- **Guardando lontano:** E 'anche molto comune vedere che la persona chiusa verso l'esterno, non vuole avere niente a che fare con coloro che li circondano. Non vogliono guardare la persona che sta interagendo con loro e quindi tendono a guardare lontano o nel vuoto o attorno a loro.

- **Indietreggiare:** Si può anche vedere la chiusura delle persone che non vogliono avere niente a che fare con chi sta interagendo con loro, che nel caso in cui queste si avvicinino o cerchino di essere coinvolgenti, loro invece si tireranno indietro o si appoggeranno all'indietro, cercando di mettere quanta più distanza possibile tra loro e gli altri.

- **Piedi girati:** quando vuoi sapere quanto è impegnato qualcun altro nella conversazione guarda i piedi. Se vedi che l'altra persona è lontana, e tiene i piedi rivolti lontano da te, è chiusa e non vuole affatto impegnarsi nella conversazione.

Capitolo 10: Riprendi il controllo della tua vita

Ora, quando si tratta di riprendere il controllo della tua vita, hai alcune opzioni. Puoi lavorare per proteggerti dalla psicologia oscura e dalla manipolazione semplicemente lavorando su te stesso.

Puoi imparare a stabilire i tuoi confini e difenderli che forse è una delle cose più grandi che puoi fare e che ti permetterà di riprendere il controllo della tua vita e prima ti impegni a farlo, prima sarai libero dalle sciocchezze che altrimenti minacceranno di subentrare. Se vuoi assicurarti di non essere manipolato, considera questo capitolo come una guida per fare esattamente questo. Affronteremo prima come aiutare te stesso a essere protetto. Quindi, considereremo come puoi influenzare positivamente chi ti circonda.

Proteggersi dalla psicologia oscura e dalla manipolazione

Se vuoi essere protetto dalla psicologia oscura e dalla manipolazione, ci sono alcuni modi in cui lo puoi fare. In definitiva, il modo migliore per difendersi dai danni è assicurarti di tagliarti fuori dalle persone intorno a te che sono manipolatrici, ma quando ciò non può essere fatto ragionevolmente, puoi reagire in altri modi. Quando vuoi proteggerti dalla manipolazione e dalle molestie delle persone oscure, il modo migliore per farlo include quanto segue:

- **Liberati dal bisogno di approvazione da parte degli altri:** questo è semplice: se smetti di lasciare che altre persone ti definiscano, puoi allontanarti dal bisogno di loro per influenzarti costantemente. È possibile rimuovere tale esigenza di approvazione e scollegare tutti i tipi di collegamenti. Ora, questo è più facile a dirsi che a farsi, ma alla fine, il modo migliore per farlo è assicurarti di riconoscere la verità: il manipolatore può manipolarti solo se gli dai la corda per farlo. Egli sa che hai determinati bisogni che per te possono essere necessari, e lui lo userà contro di te ogni volta. Per fare ciò, considera anche i seguenti punti:

o *Riconosci la verità:* osserva che sta solo cercando di manipolarti e controllarti. Il suo affetto o la sua attenzione non ne valgono la pena e non sono siceri.

o *Non hai bisogno di cambiare le altre persone:* non puoi davvero farle cambiare in ogni modo. Provare a farlo è inutile e solo uno spreco di tempo.

o *Non difenderti:* la maggior parte delle volte non devi spiegazioni a nessuno. Se inizi a metterti sulla difensiva, significa che è tempo di interromperlo e smettere di provare. Dimentica di cercare di difendere le altre persone e invece lavora su te stesso.

- **Proteggi i tuoi confini:** ricorda che puoi dire di no. Dire di no a qualcuno no, può essere deludente e può sembrarti off - limits. Hai il permesso di insistere sulle cose a modo tuo se scegli di farlo, e non c'è ragione per cui non si possa dire a qualcuno che non si vuole fare qualcosa. Ci si deve prendere il legittimo diritto di dire alle altre persone quando stanno oltrepassando i vostri confini, e si meritano di assere allontanarsi da voi per continuare ad avere il giusto rispetto.

- **Smettila di dubitare di te stesso:** assicurati che quando hai una sensazione istintiva che qualcosa sia in un certo modo, ti ricordi di onorarlo. Non dire a te stesso che stai esagerando se noti qualcosa che non va bene. Hai quelle reazioni istintive per una ragione, e devi a te stesso onorarle. Ricorda, devi essere intuitivo. Avvertite quando qualcuno sta facendo qualcosa di crudele o ingiusto, ed è necessario onorare queste sensazioni. Quando inizi a dubitare di te stesso, ricordati invece che sei degno di fiducia.

- **Aumenta la tua intelligenza emotiva:** l'intelligenza emotiva è il tuo modo per essere in grado di capire ed entrare in empatia con le altre persone. Quando sei emotivamente intelligente, di solito riconosci le tue reazioni e tendenze emotive e puoi comprenderle. Allo stesso modo, si inizia a capire meglio anche quello che gli altri stanno facendo. Sviluppa una migliore comprensione di ciò che ti manterrà stabile. Sarai in grado di mantenere la calma in te stesso, e il controllo, e così facendo, scoprirai che è possibile mantenere il controllo in molte situazioni diverse. Non devi permettere ai manipolatori di prendere la direzione del tuo controllo. Puoi dire a te stesso di non cedere per colpa sua, e puoi riuscire a tenere le tue emozioni costanti. L'intelligenza emotiva si sviluppa in ultima analisi attraverso l'autoconsapevolezza: devi essere abbastanza autocosciente da usarla di conseguenza. Se lo sei, sarai in grado di navigare con successo in tutti i tipi di situazioni e sarai in grado di assicurarti di essere, in definitiva, capace di riconoscere quando stai commettendo errori in modo da poterli correggere.

Influenzare positivamente gli altri con queste abilità

Quando si tratta di essere in grado di influenzare altre persone, hai anche molte altre opzioni. Puoi lavorare, ad esempio, per iniziare a persuadere le persone a fare qualcosa da cui ne trarranno beneficio. Puoi imparare ad aiutare le altre persone in modo che possano sentirsi più sicure, più felici e più responsabili di quanto non lo siano state in passato, e tutto ciò che ti servirà è assicurarti di sapere come usare le tue capacità per buone ragioni.

Esaminiamo alcuni dei modi in cui potresti influenzare altre persone con le abilità che hai imparato leggendo questo libro.

Usare la PNL per creare fiducia negli altri

Innanzitutto, considera il fatto che la PNL può essere utilizzata per aiutare te stesso ad influenzare chi ti circonda. Quando usi i metodi PNL, puoi iniziare a insistere con i tuoi amici o gli altri intorno a te sul fatto che valgono davvero la fiducia che vuoi che abbiano. Puoi parlare con loro, influenzandoli per ricordare loro che alla fine dovrebbero sentirsi bene con sé stessi perché tutte le persone meritano questo fatto.

Puoi aiutare le persone intorno a te a capire e cambiare anche i loro processi mentali. Ascoltando, riformulando e lavorando bene con l'altra persona, puoi ricordare loro che in realtà possono controllare i loro processi di pensiero per cambiare anche i loro comportamenti. Ricorda, hai il controllo di te stesso. Puoi controllare anche il modo in cui modifichi i tuoi comportamenti e, proprio come puoi, lo possono fare anche le persone intorno a te. Quando rendi questa priorità, aiuti anche altre persone a seguire quelle tendenze.

Usare l'ipnosi per aiutare gli altri

Quando utilizzi strumenti come l'ipnosi, impari che puoi aiutare a influenzare le persone in modo attento e silenzioso senza che siano del tutto consapevoli di ciò che stai facendo. Puoi calmarli con la tua voce, usando una voce gentile, dolce e calma per ricordare loro che stanno bene, e poi puoi anche informarli di ciò che pensi che abbiano bisogno di sentire. Se si fidano abbastanza di te da ascoltarti bene, allora sarai in grado di aiutarli a vedere tutti i diversi modi in cui puoi iniziare a influenzarli. Puoi ricordare loro che sono fiduciosi, che sono intelligenti, degni e qualsiasi altra cosa che hanno bisogno di sentire, e saranno felici di ascoltarla. In questi stati ipnotici, di solito puoi influenzarli anche a sentirsi meglio con sé stessi.

Comprendere il linguaggio del corpo per influenzare gli altri

Quando sai come leggere il linguaggio del corpo degli altri, sai che puoi ridimensionare le situazioni con facilità. Quando sei preoccupato per come qualcuno interagirà con te, sai che sarai in grado di riconoscere il modo in cui si sta avvicinando alla situazione. Poiché sarai in grado di dire cosa sta succedendo con loro, dovresti anche essere in grado di cambiare le tue interazioni in modi che aiuteranno il sorgere dei problemi.

Ad esempio, immagina di vedere che l'altra persona si sente piuttosto stressata mentre interagisce con te. Saprai che non sono a loro agio e quindi puoi decidere che quello che dovresti fare è dare loro un po' di spazio in modo che possano rilassarsi. Offrendo loro quello spazio, ti renderai conto che puoi ridurre il problema. È possibile modificare il tuo linguaggio del corpo per garantire, in ultima analisi, di migliorare la comunicazione con chi ti circonda senza forzarla. Questo può aiutarti ad assicurarti di non offendere o infastidire involontariamente qualcuno senza rendersi conto dell'effetto che stavi avendo in primo luogo.

Capitolo 11: Suggerimenti bonus e strategie per combattere le tattiche oscure

Finalmente siamo arrivati alla fine di questo libro e, prima di chiuderlo, prendiamoci un po' di tempo per considerare diverse strategie per aiutarti a combattere le tattiche oscure, che eventualmente potrai anche decidere di approfondire. Quando impari a seguire questi passaggi, puoi proteggerti e assicurarti di essere al comando.

Non scusarti inutilmente

Inizia ricordando che non dovresti scusarti se non hai nulla di cui scusarti. Scusarsi inutilmente dà solo all'altra parte un maggiore controllo su di te che può essere usato per influenzarti e manipolarti con facilità. Tuttavia, quando ti rifiuti di scusarti per qualcosa che non ha nulla a che fare con te, rimuovi quel controllo. Rendi impossibile per loro prendere il controllo di ciò che stai facendo.

In un primo momento, questo può sembrare difficile, ma la verità è che se si può mantenere il controllo di sé stessi ed evitare di scusarsi inutilmente, è possibile aumentare la vostra fiducia, tra gli altri grandi benefici che si può anche non rendersi conto che si sta perdendo. Ad esempio, considera il punto che chiedere scusa quando non è necessario ti mette in una posizione inconsciamente sottomessa o colpevole. Non sei in colpa e, quindi, non hai nulla di cui sentirti in colpa. Chiedi scusa solo quando hai veramente fatto qualcosa di sbagliato e sii consapevole di come lo fai.

Usa regolarmente le affermazioni

Le affermazioni sono ottimi strumenti da utilizzare per aumentare la tua autostima, se necessario. Quando usi le affermazioni, hai piccole dichiarazioni che puoi ripetere a te stesso che ti aiuteranno a ricordare a te stesso che non sei così cattivo, turbato o problematico come potresti pensare. Non hai bisogno di sentirti male o in collera con te stesso. Non hai bisogno di dire a te stesso che fallirai o che non sei apprezzato. Le affermazioni possono aiutarti a ricordare a te stesso che meriti anche amore e affetto.

Quando usi un'affermazione, devi considerare tre punti chiave: la tua affermazione deve essere positiva, presente e personale. Quando puoi farlo, sai che la tua affermazione sarà efficace e, quindi, è qualcosa che dovresti utilizzare. Ad esempio, forse hai un problema a sentirti costantemente come se fossi in colpa quando non hai fatto nulla di sbagliato. Assumi semplicemente di essere il problema, anche quando non lo sei. Puoi creare un'affermazione del tipo: "Sto facendo del mio meglio ogni giorno, e questo è abbastanza positivo per me". Un'affermazione come questa ti ricorda che alla fine non devi essere stressato come lo sei stato. Con quel tipo di affermazione, sai che stai bene. Ricordi a te stesso di non prendere le cose così sul personale e che sei pronto a concederti un po' di compassione.

Rifiuta le scuse

Se sai che il tuo manipolatore ha sempre delle scuse, smetti di permetterle. Non cercare scuse per loro e smetti di ascoltare le loro. Le scuse sono sempre qualcosa che amano le persone a cui piace manipolare. Danno la colpa al lavoro, alla loro educazione, al loro umore e praticamente a tutto il resto, in questo modo perdonano ciò che stanno facendo o pesano di mettere le cose a posto. No, il tuo manipolatore non merita perdono solo perché è cresciuto in una casa in cui la manipolazione del pensiero andava bene. Non devi estendere quella compassione, né dovresti.

Le scuse sono solo modi per farti stare male e permettere all'altra parte di fare quello che vuole. Tuttavia, c'è un problema serio con questo; cedere alla loro scena di pietà è solo cedere a ulteriori manipolazioni. L'unico scopo che avevano nel dirti cosa stava succedendo con loro in primo luogo era convincerti che meritavano quel diritto di manipolarti o influenzarti in primo luogo. Non permettere loro di scusare i loro comportamenti in questo modo, o finirai per pentirtene.

Mantieni buoni rapporti

Il mantenimento di buoni rapporti con le altre persone fuori di casa è un ottimo modo per voi di fare in modo che si possa evitare di essere manipolati. Relazioni solide con altre persone sono uno dei modi più grandi per i quali le persone finiscono per uscire fuori dalla lista del manipolatore in primo luogo. Più persone sono vicine a te, più minacce deve affrontare il manipolatore. Ogni singola persona a cui sei vicino agisce effettivamente come un altro confine o impedimento tra te e l'essere sotto il controllo totale del manipolatore in primo luogo. Ovviamente non vuole occuparsene: vuole essere in grado di assumere il controllo completo della situazione per assicurarsi che alla fine possa ottenere ciò che vuole.

Assicurati di riconoscere che qualsiasi tentativo di isolarti è probabilmente malintenzionato. Ricordate che quando qualcuno cerca di controllare voi, cerca di ottenere che siate il più vulnerabili possibile, e isolarvi dalle altre persone è uno dei più grandi modi per realizzare questo obiettivo. Se riesci a mantenere quei rapporti con altre persone, ti difendi. Allo stesso modo, se hai diversi amici che esprimono le loro preoccupazioni su qualcuno, ti consigliamo di considerare ciò che stanno dicendo. Stanno cercando di proteggerti? La persona è un problema? Potrebbe benissimo esserlo, e devi affrontare questo fatto. Pensa a quello che dicono e dagli la considerazione che meritano. Il più delle volte, i tuoi buoni amici che hanno rapporti sani con te non si sentiranno minacciati dal fatto che tu faccia amicizia con altre persone e non diranno che hanno un problema con leggerezza o senza avere una buona ragione per farlo.

Lavora sull'autostima

Infine, una delle cose migliori che puoi fare per assicurarti di avere un buono e solido scudo contro la possibilità di essere manipolato o abusato è assicurarti di proteggere la tua autostima. Assicurati di lavorare sempre per mantenerti al sicuro accertandoti di riconoscere che non c'è motivo per te di cedere alla manipolazione in primo luogo. Questo è possibile assicurandoti di avere una solida autostima, e lavorando per ottenerla, ricorda a te stesso che puoi, e dovresti, fare affidamento solo su te stesso e sulle tue capacità, per assicurarti di poter resistere. Così molte delle tattiche manipolative che avete visto in questo libro sono collegate a sentimenti di inadeguatezza, senso di colpa, o comunque coinvolgono i sentimenti della gente in qualche modo. Se riesci a ricordare a te stesso che non devi lasciarti condizionare dal giudizio di altre persone su di te, di solito puoi scoprire che sei molto più felice e, quindi, molto più resistente alle tattiche di manipolazione e ai tentativi comuni di abusare di te.

Ottieni una terapia

Infine, prendi in considerazione l'idea di ottenere una terapia per aiutarti a difenderti dalla manipolazione. Soprattutto se l'hai già vissuta in precedenza, ci sono buone probabilità che molti dei tratti della tua personalità siano molto buoni e i benefici vengano sfruttati, e questo è un problema. Tuttavia, puoi imparare come superarlo. Puoi imparare a capire cosa ti servirà per migliorare te stesso nel tempo. Puoi ottenere tutto ciò che devi sapere per assicurarti di essere più felice, di essere non essere un bersaglio e, così facendo, puoi imparare a resistere a futuri tentativi di manipolazione. Non c'è niente di sbagliato nell'ottenere una terapia e, sebbene in passato abbia avuto uno stigma, la verità è che è qualcosa di cui quasi ogni persona potrebbe trarre beneficio in qualche modo.

Conclusione

Grazie per esser giunto sino alla fine di *Psicologia Oscura – I Segreti Svelati*. Spero che, leggendo questo libro, vi siate sentiti informati, illuminati e potenziati su tutto ciò che avreste bisogno di sapere per comprendere la psicologia oscura e proteggervi meglio da essa. La psicologia oscura, purtroppo può essere terrificante, e i manipolatori come abbiamo visto sono ovunque, attorno a noi, e spesso molto più vicino di quanto potremmo pensare, ma si può imparare a proteggersi contro di loro.

A questo punto, hai imparato a conoscere diversi tipi di manipolazione e psicologie oscure che esistono. Sei riuscito a guardare nella mente di un narcisista. Hai imparato a conoscere diverse forme comuni di manipolazione che sono sia avvincenti che efficaci. Le tattiche che si trovano in questo libro sono alcuni dei tentativi più comuni di controllarti che potresti incontrare. Molti dei consigli che hai ricevuto su come combattere la manipolazione dovrebbero essere efficaci nell'aiutarti a rafforzare la tua protezione e la tua forza psicologica, ed essere così in grado di resistere alla manipolazione che potresti dover affrontare nel corso della tua vita.

Ora, tutto quello che ti resta da fare è prenderti un po' di tempo per iniziare ad imparare cosa puoi fare per aiutare te stesso, sia per l'utilizzo di questi strumenti per voi e per il vostro bene e fare in modo che non sia tempo investito solo proteggere voi stessi, ma anche tutti coloro che sono intorno a voi. Assicurati di utilizzare le informazioni che hai per lavorare con coloro a cui tieni e per proteggere gli ignari. In definitiva, gli strumenti che ti sono stati forniti in questo libro possono essere usati per scopi buoni o cattivi. Puoi scegliere di proteggerti, di ferire o aiutare. Tuttavia, devi essere disposto ad affrontare le conseguenze di ciò che decidi di fare.

Grazie ancora una volta per aver dedicato del tempo alla lettura di questo libro. Spero tu abbia scoperto che c'erano molte ottime informazioni che eventualmente potrai anche decidere di approfondire e studiare ulteriormente. Mentre leggi questo libro, dovresti iniziare a sentirti più sicuro di te di prima. Dovresti essere pronto per uscire e iniziare a mettere in pratica le nuove informazioni e conoscenze che hai acquisito. Non lasciarti trarre in inganno e impara che anche tu puoi reagire, proteggerti e assicurarti di poter mantenere te stesso e la tua integrità.

Prima di concludere definitivamente, prendi in considerazione se hai piacere di andare su Amazon per lasciare una rapida recensione di ciò che hai pensato del libro! Non importa se sei nuovo nella comprensione della manipolazione o se sei stato vittimizzato in passato, spero che ti sentirai un po' più sicuro e con controllo di te stesso!

Buona fortuna con i tuoi sforzi futuri e la crescita di cui avrai bisogno per garantire la tua felicità!

www.ingramcontent.com/pod-product-compliance
Lightning Source LLC
Chambersburg PA
CBHW061756250726
48657CB00001B/152